CHEERS, LADIES!

CHEERS, LADIES!

Berühmte Frauen und ihre Cocktails

Jennifer Croll
Kelly Shami

Prestel
München · London · New York

Inhalt

6	Einleitung	12	Spirituosen
8	Grundausstattung	14	Andere Zutaten
10	Gläser	16	Garnituren und Krusten

20	**FRIDA KAHLO**	46	**MISSY ELLIOTT**
22	**BEYONCÉ**	48	**NADJA TOLOKONNIKOWA**
24	**JOAN DIDION**	50	**REI KAWAKUBO**
26	**MARGARET CHO**	52	**JANE GOODALL**
28	**SOFIA COPPOLA**	54	**JOSEPHINE BAKER**
30	**EDITH HEAD**	56	**KATHLEEN HANNA**
32	**SERENA WILLIAMS**	58	**MARGARET ATWOOD**
34	**ALISON BECHDEL**	60	**SELENA**
36	**TANYA TAGAQ**	62	**CHRISTIANE AMANPOUR**
38	**VIRGINIA WOOLF**	64	**MARY TYLER MOORE**
40	**RUPI KAUR**	66	**DARYL HANNAH**
42	**GLORIA STEINEM**	68	**MAYA ANGELOU**
44	**HARI NEF**	70	**CINDY SHERMAN**

72	**PEACHES**	106	**GRACE CODDINGTON**
74	**ANNA PAWLOWA**	108	**DOLLY PARTON**
76	**LUCILLE BALL**	110	**ELLA FITZGERALD**
78	**YAYOI KUSAMA**	112	**NIGELLA LAWSON**
80	**ANAÏS NIN**	114	**COCO CHANEL**
82	**BETH DITTO**	116	**YOKO ONO**
84	**MARLENE DIETRICH**	118	**CHER**
86	**ZAHA HADID**	120	**CARMEN MIRANDA**
88	**VIVIENNE WESTWOOD**	122	**PATTI SMITH**
90	**FLO-JO**	124	**BETTE DAVIS**
92	**MERYL STREEP**	126	**M.I.A.**
94	**ZADIE SMITH**	128	**GRACE JONES**
96	**SIMONE DE BEAUVOIR**	130	**MELISSA MCCARTHY**
98	**MARINA ABRAMOVIĆ**	132	**LAVERNE COX**
100	**MINDY KALING**	134	**ANGELINA JOLIE**
102	**ÉDITH PIAF**	136	**RIHANNA**
104	**NAOMI KLEIN**	138	**IRIS APFEL**

142	Biografisches	143	Dank

Einleitung

Der Mary Pickford

**6 cl weißer Rum
6 cl Ananassaft
1 TL Grenadine
1 Dash Maraschinolikör
Garnitur: 1 Maraska-Kirsche**

Alle Zutaten in einen mit Eis gefüllten Shaker geben, gut schütteln und in ein Cocktailglas abseihen. Mit einer Maraska-Kirsche garnieren.

Es hat Tradition, berühmten Persönlichkeiten einen Cocktail zu widmen. Der Mary Pickford wurde beispielsweise nach der berühmtesten Stummfilmdiva des frühen 20. Jahrhunderts benannt. In puncto Berühmtheit konnte ihr bestenfalls Charlie Chaplin das Wasser reichen. Pickford spielte in insgesamt 52 Filmen mit und wurde auch das »Mädchen mit den Locken« oder »Amerikas Liebling« genannt. Ihre Karriere fiel in die Zeit der Prohibition, als viele Barkeeper auswanderten, um in einem anderen Land weiterhin ihrem Beruf nachgehen zu können. Während Pickford Anfang der Zwanzigerjahre einmal auf Kuba drehte, kreierte ein amerikanischer Barkeeper ihr zu Ehren einen Cocktail, süß und verführerisch wie sie selbst, aus Rum (wie hätte es auf Kuba auch anders sein können?), Ananassaft, Grenadine und Maraschinolikör.

Manche Cocktails sind berühmter als die Person, nach der sie benannt wurden. Das beste Beispiel hierfür ist die Margarita, die Anfang der Vierzigerjahre im mexikanischen Ensenada erfunden und nach Margarita Henkel, der Tochter des damaligen deutschen Botschafters, benannt wurde. Es heißt, sie habe als Erste die neue Cocktailkreation des Barkeepers probiert. Margarita Henkel kennt heute niemand mehr, den nach ihr benannten Cocktail dagegen schon.

Einer Person einen Cocktail zu widmen ist ein Ausdruck der Bewunderung, eine Würdigung ihrer Verdienste. Genau darum geht es auch in diesem Buch. *Cheers, Ladies!* ist eine Hommage an 60 herausragende Frauen, die das kulturelle Erscheinungsbild unserer Welt verändert haben. Die Idee zu den jeweiligen Cocktails lieferte in einigen Fällen das Werk der Namensgeberin, manchmal aber auch ihr Umfeld oder ihr persönlicher Stil. Bei einigen Cocktails handelt es sich einfach nur um ihren Lieblingsdrink, während andere subtiler Ausdruck einer besonders prägnanten Persönlichkeit sind. Daher wurden starke Frauen mit einem hochprozentigen Cocktail gewürdigt.

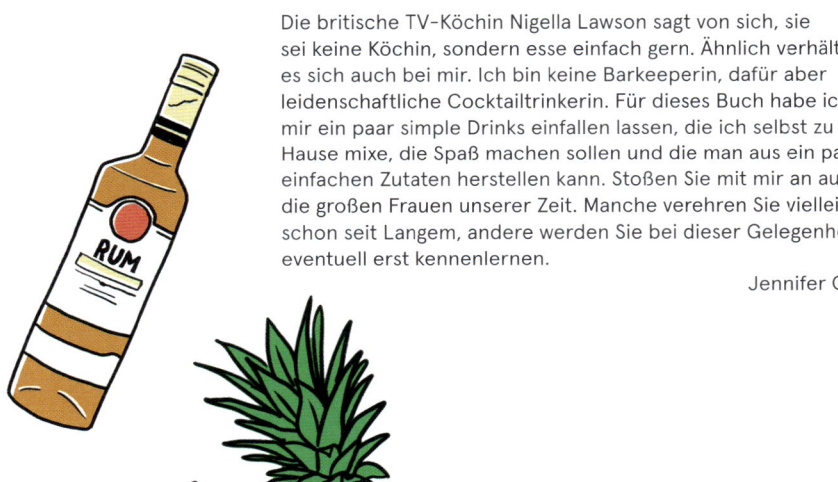

Die britische TV-Köchin Nigella Lawson sagt von sich, sie sei keine Köchin, sondern esse einfach gern. Ähnlich verhält es sich auch bei mir. Ich bin keine Barkeeperin, dafür aber leidenschaftliche Cocktailtrinkerin. Für dieses Buch habe ich mir ein paar simple Drinks einfallen lassen, die ich selbst zu Hause mixe, die Spaß machen sollen und die man aus ein paar einfachen Zutaten herstellen kann. Stoßen Sie mit mir an auf die großen Frauen unserer Zeit. Manche verehren Sie vielleicht schon seit Langem, andere werden Sie bei dieser Gelegenheit eventuell erst kennenlernen.

Jennifer Croll

Grundausstattung

Um Cocktails zu mixen, benötigt man folgende Gerätschaften:

Shaker
Cocktailshaker gibt es in verschiedenen Varianten. Das Standardmodell, optisch ansprechend und einfach in der Handhabung, besteht aus einem Edelstahlbecher, einem Aufsatz mit Sieb und einer Verschlusskappe. Daneben gibt es den meist von professionellen Barkeepern verwendeten Boston Shaker, bei dem ein Edelstahlbecher leicht schräg über ein etwas kleineres Mixglas gestülpt wird. Zum Abseihen des Drinks benötigt man zusätzlich ein Barsieb. Boston Shaker ermöglichen zügiges Arbeiten und sind leicht zu reinigen.

Barsieb
Erforderlich bei Verwendung eines Boston Shakers. Es gibt verschiedene Arten: den Hawthorne Strainer, der sich dank seiner flexiblen Drahtspirale exakt dem Durchmesser des Shakers anpasst und die groben Zutaten zurückhält; ferner das integrierte Sieb des dreiteiligen Cobbler Shakers und für Drinks wie Martinis das herkömmliche Teesieb zum Zurückhalten feiner Eissplitter, die den Martini verwässern und trüben würden.

Messbecher
Mit einem Messbecher wird die richtige Menge der flüssigen Zutaten abgemessen. Messbecher gibt es in verschiedenen Größen von 3 bis 6 cl.

Rührglas
Nicht alle Cocktails werden geschüttelt. Manche werden gerührt. Dafür verwendet man entweder Rührgläser oder alternativ hohe Biergläser.

Barlöffel
Der Barlöffel mit seinem dünnen und lang gezogenen Griff dient zum Rühren, außerdem zum Abmessen kleiner Mengen von Spirituosen.

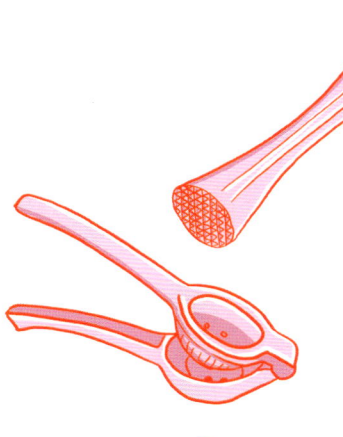

Stößel
Mit dem Stößel werden Früchte oder Kräuter am Glasboden zerdrückt. Stößel gibt es aus Holz oder Metall. Letztere sind robuster.

Zitruspresse
Zum Auspressen von Zitrusfrüchten braucht man keine professionelle Zitruspresse. Natürlich gibt es die unterschiedlichsten Modelle. Am einfachsten ist die manuelle Presse zu handhaben.

Mixer
Wer Mixgetränke herstellen möchte, benötigt einen Mixer. Es muss nicht das teuerste Modell sein. Wichtig ist, dass das Gerät Eiswürfel zerkleinern kann.

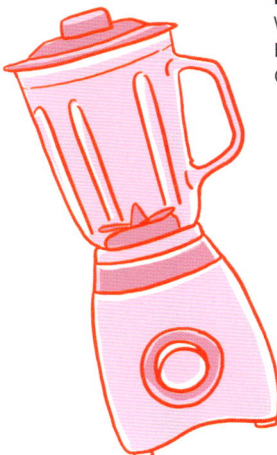

Gläser

Das Auge trinkt mit. Dafür sorgt das richtige Glas. Für manche Drinks gibt es eigene Gefäße, zum Beispiel das Martiniglas für den gleichnamigen Cocktail. Man sollte jedoch nicht zu dogmatisch an die Sache herangehen, sondern ruhig Neues ausprobieren. Mittlerweile werden Cocktails auch in zweckentfremdeten Behältnissen serviert, zum Beispiel in Schraubdeckelgläsern oder in Teetassen.

Traditionelle Gläser

Longdrinkglas
Highball- oder Collinsgläser sind einander sehr ähnlich. Bei beiden handelt es sich um hohe schlanke Bechergläser, wobei Collinsgläser in der Regel etwas schlanker und höher sind.

Martiniglas
Wie Highball- und Collinsgläser unterscheiden sich auch Martini- und Cocktailgläser kaum voneinander. Meist werden beide Typen ohnehin als Martinigläser bezeichnet. Die trichterförmigen Gläser finden vor allem bei Cocktails Verwendung, die ohne Eis serviert werden.

Tumbler
Tumbler sind kurze Trinkgläser mit dickem, stabilem Boden wie zum Beispiel Old-Fashioned- oder Whiskey-Gläser, die sich sehr gut für Getränke mit Eiswürfeln eignen.

Cocktailschale/Coupette
Cocktailschalen oder Coupettes waren ursprünglich für Champagner gedacht. Da jedoch die Kohlensäure durch die große Oberfläche zu schnell entweicht, werden diese Schalen heute vor allem für Mixgetränke ohne Eiswürfel verwendet.

Champagnerflöte
Durch die schmale Öffnung der hohen, schlanken Gläser kann sich Kohlensäure nicht so schnell verflüchtigen. Daher eignet sich diese Form hervorragend für Cocktails auf Schaumweinbasis.

Margaritaglas
Für Margaritas gibt es verschiedene Gläser. Mit Eiswürfeln werden sie meist in Tumblern serviert. Etwas exquisiter wirkt das klassische Cocktailglas. Es gibt aber auch spezielle Margaritagläser in Form weiter Kelche mit zusätzlicher Vertiefung.

Kupferbecher
Der Moscow Mule wird traditionell in einem Kupferbecher mit Henkel serviert. Der Becher sollte innen am besten mit Edelstahl ausgekleidet sein, damit säurehaltige Drinks wie Mules nicht das Kupfer angreifen.

Hurricaneglas
Die tulpenförmigen Hurricanegläser werden vor allem für tropische Drinks oder Tiki-Cocktails verwendet. Sozusagen als kleinerer Bruder fungiert der Poco Grande, der häufig bei Piña Coladas zum Einsatz kommt.

Weinglas
Weingläser eignen sich nicht nur für Wein, sondern auch für Wein-Mixgetränke wie Sangría.

Unkonventionelle Trinkgefäße

Schraubdeckelglas
Schraubdeckelgläser dienen eigentlich der Aufbewahrung von Lebensmitteln, sind seit einiger Zeit aber auch als Cocktailgläser in Mode. Der Vorteil: Man kann sie mit einem Deckel verschließen und seinen Drink bequem zu einem Picknick mitnehmen.

Teetasse
Während der Prohibition wurde Alkohol in den USA in Teetassen ausgeschenkt. Auch heute liegt die Teetasse wieder voll im Trend, wobei es weniger um die Umgehung von Verboten geht, sondern darum, auf Pinterest Eindruck zu schinden.

Spirituosen

Cocktails werden großenteils durch ihren Basisalkohol geprägt. Im Folgenden werden die wichtigsten in den Rezepten verwendeten Spirituosen vorgestellt.

Whiskey
An der Schreibweise – Whiskey oder Whisky? – scheiden sich die Geister, doch eines steht fest: Whiskey zählt dank seines reichen Aromas zu den beliebtesten Cocktailkomponenten. Er wird aus verschiedenen Getreidesorten destilliert (Gerste, Mais, Roggen oder Weizen), um dann in Eichenfässern zu reifen. Typische Bezeichnungen sind zum Beispiel Scotch (schottischer Whisky aus Getreidemalzmaische, mindestens drei Jahre gereift) oder Rye (überwiegend aus Roggen hergestellter Whiskey, häufig aus den USA oder Kanada). Berühmte Whiskey-Cocktails sind Old Fashioned, Manhattan und Whiskey Sour.

Gin
Diesem klaren Wacholderschnaps werden bei manchen Sorten die Beeren nach dem Destillieren hinzugefügt, bei anderen, Destilled Gins und London Dry Gins, während des Destillierens. Gin muss zwar vor allem nach Wacholder schmecken, dennoch findet man auch Sorten mit zusätzlichen pflanzlichen Aromen wie Zitrone, Anis, Koriander, Rosenblättern oder Gurke. Gin ist der heimliche Favorit vieler Barkeeper und Hauptbestandteil von Cocktails wie Negroni, Martini oder French 75.

Rum
Rum wird aus Zuckerrohrmelasse gewonnen, deshalb der süßliche Geschmack. Es gibt ihn als weißen klaren Rum oder auch als braunen Rum (aromatisch, oft ohne Eiswürfel serviert). Hauptsächlich in der Karibik und in Lateinamerika produziert, ist Rum der typische Basisalkohol für tropische Cocktails wie Mai Tai, Mojito und Daiquiri. Der brasilianische Verwandte des Rums ist der aus fermentiertem Zuckerrohrsaft gebrannte Cachaça, der Hauptbestandteil des Caipirinha.

Wodka
Wodka ist klar und beinahe geschmacksneutral. Die aus fermentierter Getreide- oder Kartoffelmaische gebrannte Spirituose wird vor allem in Russland und Skandinavien getrunken. Berühmte Wodka-Cocktails sind Moscow Mule, White Russian und Wodka Martini.

Tequila und Mezcal

Tequila wird aus der blauen Weber-Agave hergestellt, vor allem in der Region um die gleichnamige Stadt in Mexiko. Tequila wird in fünf Gruppen klassifiziert: von silver (transparent, ungereift) bis ultra-aged (bernsteinfarben, mindestens drei Jahre gereift). Tequila ist eine Sonderform des Mezcal, einer Spirituose, die auch aus dem Fruchtfleisch von Agaven hergestellt wird, sich aber vom Tequila durch ihren typisch rauchigen Geschmack abhebt. Tequila oder Mezcal findet man in Cocktails wie Margarita und Paloma.

Brandy

Ein Weinbrand, der in Fässern reift und gern zum Dessert getrunken wird. Der berühmteste ist der französische Cognac, der auch heute noch im Pot-Still-Verfahren gebrannt wird. Brandy erfreute sich als Cocktailbestandteil in der ersten Hälfte des 20. Jahrhunderts großer Beliebtheit und ist daher in Klassikern wie Sidecar, Vieux Carré und Brandy Alexander enthalten.

Wermut

Wermut ist ein mit Gewürzen und Kräutern aromatisierter, aufgespriteter Wein in den Varianten trocken und lieblich und als solcher in vielen klassischen Cocktails wie Martini, Manhattan, Negroni, Boulevardier und Americano zu finden.

Bitter

Nicht mit den nur tropfenweise verwendeten Cocktailbittern zu verwechseln, bei denen es sich um alkoholische Würzzutaten handelt. Bitter sind aromatisierte Spirituosen mit bitterem Geschmack. In Cocktails besonders beliebt sind Campari und Aperol. Sie geben legendären Aperitifs wie Negroni oder Aperol Spritz ihre typische bittere Note. Aber auch Jägermeister und Fernet-Branca haben Eingang in diverse Cocktails gefunden.

Likör

Liköre sind aromatische Spirituosen mit hohem Zuckergehalt. Es gibt sie in allen erdenklichen Varianten, für jeden Geschmack etwas. Zwei typische Beispiele sind der beliebte Orangenlikör Curaçao (auch Triple Sec genannt) und die aus schwarzen Johannisbeeren hergestellte Crème de Cassis.

Andere Zutaten

Das Raffinierte an Cocktails ist die kunstvolle Kombination unterschiedlicher Aromen. Diese stammen von den verschiedenen Zutaten, auch den nichtalkoholischen.

Zitrussäfte
Die meisten Cocktailrezepte beinhalten entweder Zitronen-, Limetten- oder Grapefruitsaft. Wegen des besseren Geschmacks verwendet man immer frischen Saft von unbehandelten Früchten. Zum Pressen reicht eine preisgünstige Handpresse.

Zuckersirup
Mit dieser Zuckerlösung werden Cocktails gesüßt. Meistens werden Zucker und Wasser im Verhältnis 1:1 miteinander vermischt. Manche Rezepte sehen aber auch ein Verhältnis von 2:1 vor. Zucker und Wasser werden in einem Kochtopf bei mittlerer Hitze erwärmt, bis der Zucker vollständig gelöst ist. Vom Herd nehmen und abkühlen lassen. Zuckersirup kann bis zu einem Monat im Kühlschrank aufbewahrt werden.

Aromatisierter Sirup
Aromatisierter Sirup verleiht jedem Getränk eine besondere Note. Man gibt lediglich die gewünschte Zutat zum heißen Zuckersirup und entfernt sie nach dem Abkühlen wieder. Geeignet sind Früchte wie Blaubeeren oder Erdbeeren, Kräuter (z. B. Thymian oder Rosmarin), Gewürze wie Zimt oder Nelken sowie Blütenblätter, etwa von Rosen oder Lavendel.

Geist
Alkohol kann den Geschmack eingelegter Früchte oder Kräuter annehmen. Dafür braucht man lediglich eine Spirituose (Wodka ist wegen seines neutralen Geschmacks besonders beliebt, aber grundsätzlich eignet sich auch jede andere Sorte) und etwas zur Geschmacksverfeinerung. Zutat und Alkohol in ein sauberes luftdichtes Gefäß (z. B. ein Einmachglas) geben, Behälter verschließen und an einen dunklen kühlen Ort stellen, bis der Alkohol den gewünschten Geschmack angenommen hat. Abseihen und in einem luftdichten Behälter aufbewahren. Manche Zutaten wie Jalapeños geben ihren Geschmack in ein paar Stunden ab, während andere wie Ingwer oder Zitronengras bis zu einer Woche brauchen. Bei den meisten Zutaten empfiehlt sich ein drei- bis viertägiges Mazerieren.

Cocktailbitter
Cocktailbitter sind alkoholische Würzzutaten, die tropfenweise oder als Dash zur Geschmacksverfeinerung verwendet werden. Die Sorten reichen von kräftigen Bittern mit pflanzlichen Aromen wie Angostura über Orangen- und Zitronenbitter bis hin zu Kräuter-, Gewürz-, Frucht- oder Nussaromen.

Shrub
Unter Shrubs versteht man essiggesäuerte Fruchtsirups, die Cocktails einen säuerlichen Geschmack verleihen. Zu ihrer Herstellung eignet sich jedes beliebige Obst. Früchte in kleine Stücke schneiden, in Zucker wälzen und über Nacht in einem luftdichten Gefäß im Kühlschrank lagern. Den Sirup abseihen und mit der gleichen Menge Essig verdünnen (am besten Apfelessig). Abfüllen und im Kühlschrank aufbewahren.

Eiweiß und Schaumbildner
Manche Cocktails werden mit Schaumkrone serviert. Diese wird meist mit Hilfe von Eiweiß erzeugt. Bitte nur frische Eier verarbeiten. Eitrenner erweisen sich als hilfreich. Veganer und alle, die Bedenken gegen den Verzehr roher Eier haben, können statt Eiweiß Aquafaba verwenden. Mit Aquafaba bezeichnet man das Einweichwasser von Kichererbsen. Einfach Eiweiß 1:1 durch Aquafaba ersetzen (1 Eiweiß entspricht rund 30 ml).

Garnituren und Krusten

Garnituren und Salz- oder Zuckerränder werten jeden Cocktail optisch auf oder machen ihn sogar zu einem Kunstwerk. Auf jeden Fall kann man damit jedem noch so einfachen Getränk ein besonderes Flair verleihen.

Zitrusfrüchte
Zitrusfrüchte werden gern zum Dekorieren genommen, zumal frisch gepresster Zitronen-, Limetten- oder Grapefruitsaft Bestandteil vieler Longdrinks ist. Ganze Scheiben am Glasrand lassen den Drink exotisch aussehen, aber auch Zitronenschnitze sind beliebte Dekoelemente, die sich obendrein leicht auspressen lassen, falls man noch einen Schuss Zitronensaft im Drink möchte. Am edelsten wirken Zesten, dünne Streifen, die mit dem Zestenreißer aus der äußersten Schicht der (unbehandelten!) Schale von Zitrusfrüchten geschnitten werden. Man kann sie beispielsweise um den Strohhalm wickeln oder als Spirale über den Glasrand legen. Schnell gemacht und doch raffiniert, vollenden sie viele Cocktails in Geschmack, Geruch und Aussehen.

Andere Früchte
Zitrusfrüchte sind aber längst nicht alles. Zum Dekorieren eignet sich jedes Obst, zum Beispiel Kirschen, Ananas, Äpfel, Erdbeeren und sogar Oliven (die in der Tat zu den Früchten gezählt werden). Frucht vertikal einschneiden und auf den Glasrand stecken oder an einem Cocktailspieß quer über das Glas legen.

Essbare Blüten
Blüten verleihen dem Drink einen Hauch von feminin-floralem Luxus. Es gibt erstaunlich viele essbare Blüten, darunter die von Kornblumen, Kapuzinerkresse, Stiefmütterchen, Zucchini und Löwenzahn. Wer sein Blumenbeet dafür nicht abernten möchte, wird mit etwas Glück auch in gut sortierten Lebensmittelläden bei den frischen Kräutern fündig.

Kräuterstängel

Kräuterdekoration kann entweder dezent minimalistisch wirken, etwa ein einzelner Salbeistängel, oder auch opulent, wenn beispielsweise mehrere Stängel Minze oder Petersilie zum Garnieren verwendet werden. Kräuter sehen nicht nur gut aus, sondern sorgen zudem für ein intensiveres Aroma. Ihr Duft steigt einem bei jedem Schluck in die Nase. Vor dem Servieren die Blätter zusammendrücken, um die ätherischen Öle freizusetzen, aber nicht zerquetschen.

Shrimps und eingelegtes Gemüse

Wer seiner Garnitur ins Auge blicken möchte, ist mit Shrimps gut beraten. Shrimps und eingelegtes Gemüse sind immer eine gute Wahl für herzhaft-kräftige Cocktails wie Bloody Mary oder Caesar.

Schirmchen, Strohhalme und andere nicht essbare Zierelemente

Schirmchen geben dem Cocktail einen verspielt-kitschigen Look. Am häufigsten findet man sie bei tropischen Cocktails. Ähnliches gilt für bunte Plastikdeko wie Rührstäbchen in Tierform, mit denen im Laufe des Abends ohnehin nur herumgespielt wird. Wer kein Plastik in seinem Drink möchte, auch keine Plastikstrohhalme, der kann auf die gediegener wirkenden Cocktail-Trinkhalme aus Edelstahl ausweichen, die es mittlerweile auch im Handel zu kaufen gibt.

Krusten

Wer kennt ihn nicht, den typischen Salzrand der Margarita? Es muss jedoch nicht immer Salz sein. In manchen Fällen ist Zucker die bessere Option. Beides kann man mit Kräutern und Gewürzen mischen (unser Tipp: Chili-Salz- oder Zucker-Zimt-Mischungen). Die Kruste erzeugt man, indem man den Glasrand mit einem Stück Zitrone oder Limette einreibt und das Glas anschließend ins Salz- oder Zuckergemisch taucht.

1907–1954

FRIDA KAHLO

Frida Kahlo ist so viel mehr als ein markantes Paar Augenbrauen. Berühmt für ihre farbenfrohen Selbstbildnisse, die das Auf und Ab ihres Lebens widerspiegeln, kombinierte sie Surrealismus mit traditioneller mexikanischer Volkskunst. Ihr Leben und ihre Kunst waren einzigartig. Mit 18 wurde sie Opfer eines Busunglücks. Ans Bett gefesselt, begann sie zum Zeitvertreib mit dem Malen. Ihre Bilder waren Ausdruck ihrer körperlichen und seelischen Qualen einschließlich ihrer Eheprobleme. Ihr Ehemann, der berühmte Wandbildmaler Diego Rivera, betrog sie, sie betrog ihn, sie ließen sich scheiden, konnten aber nicht ohne einander leben und heirateten ein zweites Mal.

Trotzdem genoss Kahlo das Leben in vollen Zügen. Sie tanzte und trank bis spät in die Nacht und gewann manches Tequila-Wetttrinken gegen Männer, die doppelt so viel Körpergewicht auf die Waage brachten wie sie. Sie liebte die Natur. Davon zeugen die vielen Tiere und Pflanzen auf ihren Bildern. Sich selbst malte sie meist in bunter Landestracht mit Bändern und Blüten im dunklen Haar. »Ich male Blüten, damit sie nicht verwelken«, sagte sie.

Für Frida haben wir eine Margarita mit Hibiskusnote. Die Mexikaner lieben die essbaren pinkfarbenen Hibiskusblüten mindestens genauso wie Tequila. Beides gehört einfach zusammen.

Frida-Kahlo-Cocktail

Für den Hibiskussirup:
2 Beutel Hibiskustee
100 g Zucker

120 ml Wasser zum Kochen bringen. Teebeutel 15 Minuten darin ziehen lassen. Dann herausnehmen, Zucker hinzufügen, nochmals zum Köcheln bringen und umrühren, bis der Zucker vollständig gelöst ist. Abkühlen lassen.

Für den Cocktail:
3 cl Limettensaft
6 cl Tequila (Silver/Blanco)
3 cl Hibiskussirup
Garnitur: essbare Blüten

Alle Zutaten in einen mit Eis gefüllten Shaker geben und kräftig schütteln. In einem Margaritaglas auf Eis servieren und mit essbaren Blüten garnieren (erhältlich im Feinkostladen).

Geb. 1981

BEYONCÉ

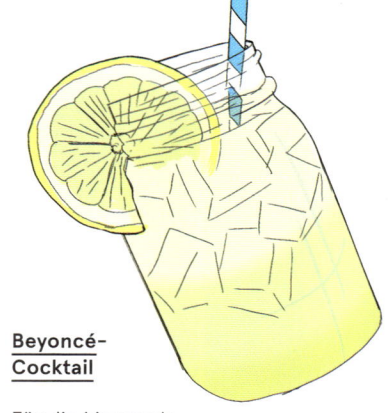

Wären die USA eine Monarchie, dann wäre Beyoncé, genannt »Queen Bey«, ihre Königin. Die Popdiva und bekennende Feministin ist mindestens so berühmt für ihren Beitrag zur Stärkung des Selbstbewusstseins schwarzer Frauen wie für ihre Musik. Ihre Karriere begann schon sehr früh. Während ihrer Kindheit in Houston gehörte sie diversen Girlgroups an. Bereits als Teenager hatte sie mehrere Hits mit der Band Destiny's Child, unter anderem »Bootylicious«. Später startete sie ihre Solokarriere, heiratete den Rapper Jay-Z und bekam drei Kinder: Blue Ivy und die Zwillinge Sir und Rumi. Schon in frühen Songs wie »Independent Women« besang sie unabhängige Frauen. Ihre späteren Lieder machten sie zu einer der erfolgreichsten Popsängerinnen der Welt. Ihrem Album *Lemonade* (2016) sagt man nach, es sei voller Anspielungen auf die Untreue ihres Ehemanns Jay-Z. Das Video zu »Hold Up«, in dem sie mit einem Baseballschläger breit grinsend auf Autos einschlägt, wirkte auf ihre weiblichen Fans wie eine kollektive Katharsis. Aufsehenerregend war auch ihr Auftritt beim Super Bowl 2016. Mit Tänzerinnen, deren Outfits an die der Black-Panther-Bewegung erinnerten, sang sie »Formation«, eine Hymne an das schwarze Amerika.

Trotz ihres Ruhms hat Beyoncé nie ihre Wurzeln vergessen. Wahrscheinlich hätte sie nichts gegen einen Schuss klassischen Südstaaten-Bourbon in ihrer Limonade.

Beyoncé-Cocktail

Für die Limonade:
**50 g Zucker
6 cl Zitronensaft**

240 ml Wasser und Zucker in einem kleinen Topf zum Köcheln bringen. Abkühlen lassen und Zitronensaft hinzufügen.

Für den Cocktail:
**3 cl Bourbon
Limonade
Garnitur: 1 Zitronenscheibe**

Bourbon in ein mittelgroßes, mit Eis gefülltes Schraubdeckelglas gießen und mit Limonade auffüllen. Mit der Zitronenscheibe garnieren und mit Strohhalm servieren.

Geb. 1934

JOAN DIDION

Wir erzählen uns Geschichten, um zu leben lautet der Titel einer Essaysammlung von Joan Didion. Die US-amerikanische Schriftstellerin, Journalistin und Drehbuchautorin ist eine messerscharfe Beobachterin. Ihre brillante minimalistisch-melancholische Prosa und ihr nüchtern-spröder Stil haben sie zu einer der einflussreichsten Schriftstellerinnen der letzten 50 Jahre gemacht.

Joan-Didion-Cocktail

3 cl Wermut (lieblich)
6 cl Bourbon
2 Dashes Angostura
1 Maraska-Kirsche

Wermut und Bourbon in ein zur Hälfte mit Eis gefülltes Glas gießen. Angostura und die Kirsche hinzugeben, diese mit einem Löffel am Glasboden zerdrücken. Umrühren.

Didion wuchs im kalifornischen Sacramento auf. Ihren ersten schriftstellerischen Erfolg hatte sie im letzten Collegejahr, als sie einen Aufsatzwettbewerb gewann. Der erste Preis war ein Job als Rechercheassistentin bei der *Vogue*. Sie zog nach New York, arbeitete sich bis zur Kulturredakteurin hoch und heiratete John Gregory Dunne, der wie sie seinen Lebensunterhalt mit Schreiben verdiente. Nach der Veröffentlichung ihres ersten Romans zogen beide zurück nach Kalifornien. Dort gewann Didion Einblicke in die gesellschaftlichen Entwicklungen Hollywoods, die sie in Artikeln über die 68er-Kulturrevolution für diverse Zeitschriften festhielt. Diese Artikel wurden in einem Essayband mit dem Titel *Stunde der Bestie* zusammengefasst. Zusammen mit ihrem Ehemann schrieb sie mehrere Drehbücher, unter anderem *Panik im Needle Park* und *Spiel dein Spiel*. Ihre späteren Sachbücher *Das Jahr magischen Denkens* (dafür bekam sie den Pulitzer-Preis) und *Blaue Stunden* befassten sich mit den Themen Altern und Tod. Heute, mit 83, ist Didion eine Schriftstellerikone. 2015 war sie das Gesicht der Werbekampagne des Modelabels Céline. Unnahbar hinter einer großen Sonnenbrille, hat sie nichts von ihrer intellektuellen Ausstrahlung eingebüßt.

Didions Lebensmittelpunkt war und ist Kalifornien, aber New York war zumindest vorübergehend ihre zweite Heimat. Schon deshalb kann man sich für sie gut einen stilvollen Klassiker wie den Manhattan vorstellen.

Geb. 1968

MARGARET CHO

Margaret-Cho-Cocktail

4,5 cl Tequila (Aged/Reposado)
1,5 cl Crème de Cassis
1,5 cl Limettensaft
Ginger Beer
Garnitur: 1 Limettenscheibe

Tequila, Crème de Cassis und Limettensaft in einen mit Eis gefüllten Shaker geben und schütteln. In ein mit Eis gefülltes Collinsglas abseihen, Ginger Beer nachgießen und mit der Limettenscheibe garnieren.

Rassistische Witze, Sex oder Essstörungen – Stand-up-Comedienne Margaret Cho, genannt »die Schutzheilige der Außenseiter«, kennt keine Tabus. Seit den frühen Neunzigerjahren überschreitet sie Grenzen und provoziert ihr Publikum mit anstößigen Witzen.

Sie stand bereits im Teenageralter in San Francisco als Komikerin auf der Bühne. Ihre Witze gingen meist auf Kosten ihrer klischeehaft porträtierten koreanischen Familie. Chos Kindheit war allerdings nicht immer rosig. Sie wurde in der Schule gehänselt und von einem Freund der Familie sexuell missbraucht. Beides thematisierte sie später auf der Bühne, unter anderem mit den folgenden Worten: »Es hilft mir, meine Erinnerungen daran, dass ich geschlagen und gehasst wurde, dass man mich als hässlich, fett, abartig, fremd, pervers, verfressen, faul, dreckig und verlogen bezeichnete, mit anderen zu teilen, und es hilft auch allen, die gerade in derselben Lage sind und das hören.«

1994 bekam sie aufgrund ihrer großen Erfolge eine eigene TV-Show mit dem Titel *American Girl*. Sie war revolutionär, weil zum ersten Mal eine koreanisch-amerikanische Familie im Fokus einer US-Fernsehshow stand. Infolge dieser plötzlichen Publicity entwickelte Cho eine Essstörung und nahm Drogen. Heilung und Entzug wurden zum Thema ihrer ersten autobiografischen One-Woman-Show *I'm the One That I Want*. Heute sind ihre Witze etwas politischer. Außerdem engagiert sie sich als bekennende Bisexuelle für die Rechte der LGBT-Community und die gleichgeschlechtliche Ehe.

Cho ist nach wie vor völlig egal, was man über sie denkt. Welche Drink würde da besser passen als ein Diablo? Ein Cocktail jenseits des Mainstreams und gerade deshalb so teuflisch gut.

Geb. 1971

SOFIA COPPOLA

Sofia-Coppola-Cocktail

3 cl Gin
1,5 cl St-Germain
Prosecco
Garnitur: 1 Zitronentwist

Gin und St-Germain in eine Cocktailschale geben. Mit Prosecco auffüllen und mit dem Zitronentwist dekorieren.

Die Filme der mehrfach ausgezeichneten Regisseurin, Drehbuchautorin und Filmproduzentin Sofia Coppola tragen eine eindeutig weibliche Handschrift. Als Tochter des berühmten italoamerikanischen Regisseurs Francis Ford Coppola war ihr das Filmemachen quasi in die Wiege gelegt worden. Schon als Kind spielte sie in einigen Filmen ihres Vaters mit. Berühmt wurde sie jedoch als Regisseurin mit dem Film *The Virgin Suicides – Verlorene Jugend* (1999). Ihr Genre sind Mädchen- und Frauengeschichten: von *Lost in Translation* über *Marie Antoinette* und *Somewhere* bis hin zu *Die Verführten*, wobei sie zugunsten des sensiblen Einfühlens in die Charaktere auf spektakuläre Handlung verzichtet. Im Mittelpunkt stehen meist einsame Frauen. Coppola lässt ihre Hauptdarstellerinnen, zartgliedrige Blondinen wie Kirsten Dunst, Scarlett Johansson und Elle Fanning, in die Rollen von Frauen mit komplizierten Lebensumständen schlüpfen, Frauen, die nicht die klischeehaften Männerfantasien bedienen, sondern ihrem Leben einen Sinn geben wollen.

Auch ihr eigenes Leben ist wie ein Film. In den frühen Neunzigerjahren als It-Girl gefeiert, arbeitete sie als Model, entwarf zusammen mit Kim Gordon von der Band Sonic Youth eine Kollektion und feierte 2016 sogar ihr Opernregiedebüt. Sie lebt mit ihren zwei Kindern und ihrem Ehemann Thomas Mars in Paris, einer Stadt, die ihr aufgrund ihres besonderen Flairs zahllose Anregungen liefert.

Coppola verdient einen Drink, der wie ihre Filme mädchenhaft und stark zugleich ist: Prosecco in Anspielung auf ihre italienische Abstammung, Holunderblütenlikör für die raffinierte Süße und kräftiger Gin als Rückgrat des Drinks.

1897–1981

EDITH HEAD

Edith-Head-Cocktail

6 cl Cognac
3 cl Cointreau
3 cl frischer Zitronensaft
Garnitur: 1 Orangentwist

Alle Zutaten in einen mit Eis gefüllten Shaker geben, schütteln und in ein Cocktailglas abseihen. Mit dem Orangentwist garnieren.

Wer die großen Hollywoodklassiker gesehen hat, kennt auch die Arbeit von Edith Head. Über 50 Jahre lang bestimmte die allseits beliebte und erfolgreiche Kostümbildnerin den Look der US-Kinostars.

Head wollte ursprünglich gar nicht Kostümbildnerin werden. Nach dem Studium arbeitete sie zunächst als Lehrerin an einer Highschool. Abends besuchte sie einen Zeichenkurs. Als Paramount Pictures einen Modezeichner suchte, bewarb sie sich mit einer Mappe, deren Entwürfe sie sich zum Teil von anderen Kursteilnehmern »geliehen« hatte. Ihr fehlte zwar die formale Qualifikation, dafür lernte sie bei der Arbeit schnell dazu. In den Dreißigerjahren entwarf sie die Kostüme für einige der größten Hollywoodstars der damaligen Zeit. Auch Ginger Rogers, Audrey Hepburn und Grace Kelly wurden von ihr eingekleidet.

Head war die erste weibliche Chefdesignerin eines Filmstudios. Später wechselte sie zu Universal, wo sie bis zum Alter von 83 Jahren blieb. Sie war eine der besten Kostümbildnerinnen Hollywoods. Insgesamt wurde sie 35-mal für einen Oscar nominiert. Mit acht Oscars ist sie die am häufigsten ausgezeichnete Frau in der Geschichte der Academy Awards.

Trotz ihres großen Einflusses auf die Filmmode blieb Head persönlich ihrem skurrilen, unaufdringlichen Stil treu: kurzer Bob, runde Brillengläser, dazu aber immer stilvolle Röcke und Jacken. Zu ihr passt kein extravaganter Modecocktail, sondern eher ein Sidecar, der sich allen Trends zum Trotz bis heute erfolgreich auf der Cocktailkarte gehalten hat.

Geb. 1981

SERENA WILLIAMS

Serena-Williams-Cocktail

1 Erdbeere, entstielt
1 Zweig frische Minze
6 cl Pimm's No. 1
Ginger Ale
Garnitur: 1 Erdbeere,
   1 Zweig frische Minze

Erdbeere der Länge nach in Scheiben schneiden. Die Blätter vom Minzezweig abzupfen. Erdbeerscheiben und Minzeblätter in ein Longdrinkglas geben und mit dem Stößel leicht zerdrücken. Pimm's No. 1 hinzufügen, Eis ins Glas geben und mit Ginger Ale auffüllen. Entstielte und eingeschnittene Erdbeere auf den Glasrand setzen und Minzezweig ins Glas stecken.

Für viele ist Serena Williams die größte Tennisspielerin aller Zeiten. Ihr kraftvoller Aufschlag, ihr aggressiver Spielstil und ihre spektakulären Comebacks haben ihr mehr Grand-Slam-Titel eingebracht als jedem oder jeder anderen in der Geschichte des Turniers. Seit 2002 bis zur Geburt ihrer Tochter 2017 beherrschte sie die Weltrangliste.

Williams wuchs zusammen mit ihren vier Schwestern im kalifornischen Compton auf und stand bereits mit drei Jahren auf dem Tennisplatz. Als sie neun war, zogen ihre Eltern nach West Palm Beach in Florida, damit sie und ihre ältere Schwester Venus die renommierte Tennis Academy besuchen konnten. Ihr Debüt als Profisportlerin hatte sie 1995. Damals war sie 14 und ging noch zur Highschool. Immer wieder traf sie auf dem Platz auch auf ihre Schwester Venus, entweder als Partnerin oder als Gegnerin. Seit sie sich 2002 mit einem Sieg über Venus an die Spitze der Weltrangliste setzte, dominiert sie unangefochten das Damentennis.

Ihr athletischer Körperbau und ihr Kleidungsstil haben den weißen Sport verändert. Mit großer Durchschlagskraft fegte der charismatische Weltstar viele Gegnerinnen vom Platz. Unvergessen ist ihr Outfit bei den US Open 2004: Jeansrock und kniehohe Stiefel. Ihr cooler Streetstyle wurde sogar in der US-*Vogue* mehrfach gewürdigt.

Für sie drängt sich eine Spezialversion des klassischen Wimbledon-Drinks auf: ein Pimm's Cup, in diesem Fall mit Erdbeeren, Minze und Ginger Ale.

Geb. 1960

ALISON BECHDEL

Alison-Bechdel-Cocktail

3 cl Mezcal
3 cl Campari
3 cl Wermut (lieblich)
Garnitur: 1 Orangentwist

Alle Zutaten in ein mit Eis gefülltes Rührglas geben und miteinander verrühren. In einem Tumbler auf Eis servieren und mit dem Orangentwist garnieren.

Berühmt wurde die amerikanische Comiczeichnerin mit ihrem ab 1983 erschienenen Comicstrip *Dykes To Watch Out For*, einem der ersten, in dem es um Lesben und ihren Alltag ging und der immerhin 15 Jahre in diversen Zeitungen abgedruckt wurde. 1985 wurde darin ein Kriterienkatalog für die Beurteilung von Filmen anhand des im Film vermittelten Frauenbildes vorgestellt. Eine der Figuren sagt, sie werde einen Film nur dann anschauen, wenn darin mindestens zwei namentlich genannte Frauen vorkommen, die Frauen miteinander reden und zwar nicht über Männer. Bechdel hatte die Tragweite ihrer Botschaft unterschätzt. Der Kriterienkatalog ist seither als Bechdel-Test bekannt, den übrigens nur die Hälfte aller Filme besteht.

Abgesehen von Comicstrips hat Bechdel auch zwei Comicromane veröffentlicht. Zum einen *Fun Home*, eine Autobiografie über ihr Coming-out und die Beziehung zu ihrem Vater, der seine Homosexualität unterdrückte. Die Musicaladaption wurde 2015 mit dem Tony Award ausgezeichnet. Zum anderen das Comic-Drama *Are You My Mother?* über das gestörte Verhältnis zu ihrer gefühlskalten Mutter. 2014 erhielt Bechdel den heiß begehrten MacArthur »Genie-Preis« in Höhe von 625 000 US-Dollar für »das Zurechtrücken unserer kollektiven Perspektive und die Erweiterung des grafischen Ausdruckspotenzials«.

Bechdel sagt über sich selbst: »Eigentlich will ich zeigen, dass alle Frauen, nicht nur Lesben, menschliche Wesen sind.« Darauf einen Negroni, bestehend aus Mezcal, Campari und Wermut. Mehr braucht man nicht zu seinem Glück, auch keine Männer.

Geb. 1975

TANYA TAGAQ

Tanya Tagaqs Stimme ist genauso kraftvoll und furios wie die Vokalkünstlerin selbst. Tagaq wuchs in der kleinen Inuitsiedlung Cambridge Bay in Nunavut auf, dem nördlichsten Territorium Kanadas. In der Highschool in Yellowknife lernte sie die Kunst des traditionellen Kehlgesangs, die Erzeugung gutturaler Laute durch rhythmisches Ein- und Ausatmen. Sehr bald entwickelte sie ihren eigenen Stil. Berühmt wurde sie durch ihre Zusammenarbeit mit dem isländischen Popstar Björk.

Die mittlerweile sehr erfolgreiche Sängerin wurde für ihren Indie-Punk mit dem Polaris Music Prize und von ihrem Heimatland mit dem Order of Canada ausgezeichnet. Sie provoziert als politische Aktivistin und will Sensibilität für Probleme des Umweltschutzes und der indigenen Völker wecken. Als Inuk in der Arktis aufgewachsen, erlebt sie das Problem der Erderwärmung unmittelbarer als andere. Ihre Texte sind schonungslos. Ihre Lieder erzählen vom Raubbau an der Natur und der Rache von Mutter Erde. Nicht minder direkt sind ihre Lieder über das Wesen der Frau und deren unmittelbare Beziehung zur Erde. Ihre Auftritte sind ungekünstelt, aber zugleich sehr sinnlich, weshalb sie immer wieder zu ihrer Sexualität befragt wird. Dazu sagte sie in 2016 in einem Interview mit dem Magazin *The Walrus*: »Für mich ist Sex etwas Heiliges und ich bin verdammt gut darin.«

Als urwüchsige Bewohnerin des kühlen Nordens würde ihr ein halbgefrorener Cocktail sicher munden, etwa ein vollmundiger Rotwein-Slushie.

Tanya-Tagaq-Cocktail

240 ml Rotwein
Zuckersirup
1,5 cl Zitronensaft
3 cl Cointreau
Garnitur: *Aupilaktunnguat* **(oder jede andere pinkfarbene Blüte)**

Am Vortag Rotwein in eine Eiswürfelform füllen. Ein Fach der Form mit Zuckersirup füllen. Form über Nacht ins Gefrierfach stellen.

Die Rotwein- und Zuckersirupwürfel mit den anderen Zutaten in einen Mixer geben und zerkleinern. Im Tumbler servieren und mit *Aupilaktunnguat* **garnieren, der hübschen und essbaren Blüte einer Pflanze, die nur in Nunavut, Norwegen und Nordirland wächst. Alternativ passt auch jede andere pinkfarbene Blüte.**

1882–1941

VIRGINIA WOOLF

Virginia-Woolf-Cocktail

2,25 cl Gin
2,25 cl Chartreuse Verte
2,25 cl St-Germain
2,25 cl Limettensaft
Garnitur: 1 Limettentwist

Alle Zutaten in einen mit Eis gefüllten Shaker geben und gut schütteln. In Cocktailschalen abseihen und mit dem Limettentwist garnieren.

Virginia Woolf war ebenso kühn wie brillant. Als Wegbereiterin der modernistischen Literatur ist sie für ihre experimentellen Romane und ihre engagierten Essays bekannt, in denen sie die Gleichberechtigung der kreativen Frau forderte.

Woolf wuchs in einer wohlhabenden, gebildeten Familie auf, besuchte das Londoner King's College und freundete sich dort mit bekannten Feministinnen an. Mit 23 schrieb sie für das *Times Literary Supplement* und schloss sich der Bloomsbury Group an, einem Kreis avantgardistischer Künstler und Intellektueller. Ihren ersten Roman, *Die Fahrt hinaus*, veröffentlichte sie mit 33. Es folgten *Mrs Dalloway*, *Zum Leuchtturm* und *Orlando – eine Biographie*. Ihre Romane zeichneten sich durch damals unübliche Erzähltechniken wie freie Assoziation und Bewusstseinsstrom aus. Thematisch befasste sie sich mit Frauenrechten, Geisteskrankheit und Homosexualität, Themen, mit denen sie sich als depressionsgeplagte Feministin, die auch schon eine Affäre mit einer Frau gehabt hatte, gut auskannte. Ihr Leben nahm ein tragisches Ende. Mit 59 füllte sie sich Steine in die Taschen ihres Mantels und nahm sich in einem Fluss das Leben.

Woolfs berühmtestes Werk ist wohl ihr Essay *Ein eigenes Zimmer*. Hierin formulierte sie die These, dass Frauen mit genügend Geld und einem eigenen Zimmer – für Männer selbstverständlich – genauso erfolgreich Literatur produzieren könnten wie ihre männlichen Kollegen. Ihre Ansichten haben nichts von ihrer Relevanz verloren. Das soll mit einer Variante des Klassikers The Last Word gewürdigt werden, ihr zu Ehren mit einem Extraschuss des kräftigen Holunderblütenlikörs St-Germain.

Geb. 1992

RUPI KAUR

Rupi Kaurs kraftvoll-nüchterne Gedichte machten aus einem unbeachteten Genre etwas, womit man ganze Theater füllen kann. Die »Stimme ihrer Generation«, wie die Jahrtausenddichterin auch genannt wird, verkauft von ihren Werken Millionen von Exemplaren – ganz ohne fremde Hilfe.

2014 begann die Tochter indischer, nach Kanada ausgewanderter Eltern, ihre Gedichte in Kleinbuchstaben und ohne Satzzeichen auf Instagram zu posten und mit zarten Skizzen zu illustrieren. Ihre Anregungen bezog sie von Dichtern wie Khalil Gibran und Sharon Olds. Themen wie Missbrauch, Traumabewältigung, Selbstsorge, Akzeptanz und Heilung bescherten ihr Tausende Follower. Ihren ersten Gedichtband *milk&honey* veröffentlichte sie mit 22 im Selbstverlag auf Amazon. Außerdem postete sie auf Instagram ein Foto, das sie in einer mit Menstruationsblut befleckten Jogginghose zeigte, während sie mit dem Rücken zur Kamera auf einem Bett liegt. Das Foto wurde von Instagram gelöscht, woraufhin sie gegen das Löschen von nicht ins Bild passenden Frauendarstellungen protestierte und zur viralen Sensation wurde. Einen Monat später kaufte ein großer Verlag ihren Gedichtband und brachte ihn in zweiter Auflage heraus. Mit 1,5 Millionen verkauften Exemplaren blieb er über ein Jahr auf der Bestsellerliste der *New York Times* – ein Erfolg, an den sie auch mit dem Folgeband *the sun and her flowers* anknüpfen konnte. Sie ist definitiv keine Eintagsfliege.

Für sie mixen wir in Anlehnung an ihren ersten Gedichtband einen Cocktail wie Milch und Honig, köstlich und gehaltvoll.

Rupi-Kaur-Cocktail

4,5 cl goldener Rum
3 cl Honigsirup (halb heißes Wasser, halb Honig)
3 cl entrahmte Sahne (ca. 18% Fett)
Garnitur: 1 Honigwabe am Cocktailspieß

Zutaten in einem mit Eis gefüllten Shaker gut schütteln, in ein Cocktailglas abseihen und mit einem Stück Honigwabe am Spieß dekorieren.

Geb. 1934

GLORIA STEINEM

Blitzgescheit, charismatisch und fotogen – so wurde Gloria Steinem zur Galionsfigur der amerikanischen Frauenbewegung der Sechzigerjahre. Ihren ersten journalistischen Erfolg hatte sie mit 29. Damals veröffentlichte sie einen Artikel über ihre Erfahrungen als Bunny im New Yorker Playboy Club und prangerte die Arbeitsbedingungen der dort beschäftigten Frauen an. Das hätte sie beinahe ihre Karriere gekostet, denn danach sah man in ihr keine ernsthafte Journalistin mehr, sondern immer nur das Bunny. Sie blieb jedoch beim Journalismus und gründete 1972 mit 38 Jahren das feministische Magazin *Ms.*, mit dem sie rasch berühmt wurde. An Kundgebungen und Demonstrationen nahm sie meist an vorderster Front teil. Mit ihrem modischen Look – langes Haar, Pilotenbrille und Minirock – war die engagierte Frauenrechtlerin zugleich Stilikone.

Gloria-Steinem-Cocktail

6 cl Scotch Whisky
  (z. B. Glenfiddich)
3 cl Zitronensaft
3 cl Zuckersirup
1,5 cl Eiweiß
1,5 cl fruchtiger Rotwein

Die Zutaten bis auf den Rotwein in einen mit Eis gefüllten Shaker geben, etwa 30 Sekunden schütteln und in halb mit Eis gefüllte Tumbler gießen. Den Rotwein vorsichtig über den Rücken eines Löffels ins Glas laufen lassen.

Mittlerweile ist eine neue Generation Feministinnen nachgewachsen, dennoch ist Steinem immer noch sehr aktiv. Beim Women's March 2017 in Washington war sie als Rednerin geladen und rief der Menge zu: »Dieser Tag wird uns für immer verändern, weil wir zusammenhalten.«

Wendet man ihr Zitat »Frauen sind wohl die Einzigen, die im Alter radikaler werden« auf einen Cocktail an, dann kommt nur gereifter Alkohol mit einem Schuss Anarchie infrage, zum Beispiel ein New York Sour nach dem Grundrezept für einen Whiskey Sour, hier jedoch mit Scotch anstelle von Rye oder Bourbon Whiskey.

Geb. 1992

HARI NEF

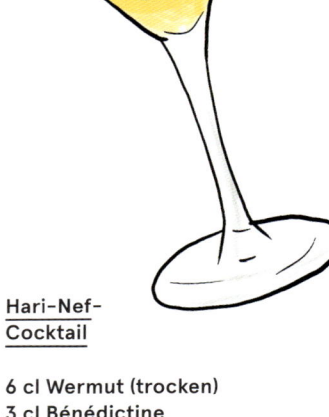

Hari-Nef-Cocktail

6 cl Wermut (trocken)
3 cl Bénédictine
3 Dashes Absinth
Garnitur: 1 Orangentwist

Zutaten in ein mit Eis gefülltes Rührglas geben und miteinander verrühren. In ein gekühltes Cocktailglas abseihen und mit dem Orangentwist garnieren.

Mit ihrer herben Schönheit und ihrer Coolness verkörpert Model und Schauspielerin Hari Nef das moderne New Yorker Girl. Sie versteht es, andere in ihren Bann zu ziehen, wie sie unter anderem in der US-Serie *Transparent* unter Beweis stellt. Regisseurin Jill Soloway vergleicht ihre Gefühle für Nef mit denen von Andy Warhol für Edie Sedgwick und machte Nef zu ihrem It-Girl. Auch andere sind Nefs Ausstrahlung erlegen. 2015 war Nef das erste Transgender-Model, das von IMG unter Vertrag genommen wurde. Seither arbeitet sie für Marken wie Gucci oder L'Oréal. Außerdem schreibt sie für Magazine wie *VICE* und *Dazed*. Als prominente Transsexuelle engagiert sie sich für die Transgender-Community, möchte aber nicht immer nur an ihre Vergangenheit als Mann erinnert werden und sich auch nicht in eine Schublade stecken lassen. »Die Frage nach der Identität bringt doch nichts. Das Thema ist ausgelutscht«, sagte sie dem *Guardian* 2016 in einem Interview.

Nefs betonte Coolness verdient einen nicht zu biederen Cocktail wie den Chrysanthemum: ein einfacher Drink mit komplexen Geschmacksnuancen, leicht gemixt, aber schwer zu durchschauen.

Geb. 1971

MISSY ELLIOTT

Missy-Elliott-Cocktail

1 EL Cayennepfeffer
1 EL Salz
1 rote Grapefruit
4,5 cl Wodka
1 Dash Maraschinolikör
Garnitur: 1 Grapefruitschnitz

Auf einem kleinen Teller Cayennepfeffer und Salz mischen. Mit einem Grapefruitschnitz den Rand eines Longdrinkglases einreiben. Das Glas in die Pfeffer-Salz-Mischung tauchen und mit Eis füllen. Wodka und Maraschino hineingeben und mit frisch gepresstem Grapefruitsaft auffüllen. Mit dem Grapefruitschnitz dekorieren.

Missy »Misdemeanor« Elliotts Musik ist unverwechselbar, so clever, rau und verdammt selbstbewusst wie sie. Bereits ihr Debütalbum *Supa Dupa Fly* (1997) erlangte Platinstatus, und auch heute klingt ihr Sound noch genauso frisch wie damals. Vor ihrer Gesangskarriere war sie hinter den Kulissen tätig. Mit ihrem besten Freund Timbaland schrieb und produzierte sie Hits für Destiny's Child, Aaliyah und andere. Manchmal war sie auch als Gastrapperin von Puff Daddy oder MC Lyte zu hören. P. Diddy wollte sie für sein Label Bad Boy Records verpflichten, sie ging aber lieber zu Elektra Records, um ihr eigenes Sublabel The Goldmind Inc. zu gründen. Alles Weitere ist Geschichte. Von 1997 bis 2006 war sie die Königin des Rap und behauptete sich in einer männlich dominierten, oft frauenfeindlichen Szene (Bezeichnungen wie »Hure« oder »Schlampe« sind bei Rappern an der Tagesordnung). Ihr Erfolg geht zumindest teilweise auf ihr unerschütterliches Selbstbewusstsein zurück. Im Gegensatz zu den sexy gestylten Popstars trug sie in ihren Videoclips anzügliche Texte im Trainingsanzug vor. Sie machte sich selbst zum Mittelpunkt ihrer gerappten Sexfantasien, aber nie zum Sexobjekt. Auf eine mehrjährige Pause folgte ein fulminantes Comeback 2015 beim Super Bowl, mit dem sie beinahe einen Internetcrash herbeigeführt hätte. Den Fans war gar nicht bewusst, wie sehr sie sie vermisst hatten.

Für mehr Power beim Durchstarten käme ein kräftiger Cocktail auf Wodka-Basis gerade recht. Ein Salty Dog wäre sicher nach ihrem Geschmack (wer es stärker mag, kann die Wodka-Dosis erhöhen).

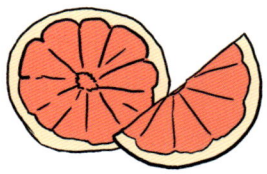

Geb. 1989

NADJA TOLOKONNIKOWA

Nadja-Tolokonnikowa-Cocktail

Für den Jalapeño-Wodka:
1 Jalapeño-Schote
240 ml Wodka

Zerkleinerte Jalapeño-Schote in ein verschließbares Gefäß geben (ohne Samen wird's nicht so scharf). Wodka darüber gießen und drei bis vier Stunden ziehen lassen.

Für den Cocktail:
½ Limette (sollte 1,5 cl Saft ergeben)
6 cl Jalapeño-Wodka
Ginger Ale
Garnitur: 1 Limettenscheibe

Die Limettenhälfte auspressen und den Saft mit der Schale in einen Kupferbecher (oder ein Longdrinkglas) geben. Eis und Wodka hinzufügen, mit Ginger Ale auffüllen und mit der Limettenscheibe dekorieren.

Bunte Sturmhauben, grelle Kleider und Strumpfhosen, die Faust in die Luft gereckt – Pussy Riot fallen auf. Das Gleiche gilt für ihre lautstarke Protestbotschaft. Als prominentestes Mitglied des autonomen weiblichen Punkkollektivs wurde Nadja Tolokonnikowa zum Sprachrohr der feministischen Protestbewegung.

Zur politischen Aktivistin wurde sie gleich nach ihrem Studium in Moskau. Sie war Mitbegründerin der Künstlergruppe Woina (Krieg), die mit Straßenkunst politische Provokation betrieb. Weltweit erlangte sie erst mit Gründung der Band Pussy Riot als militante Bürgerrechtlerin Bekanntheit. Balancierend zwischen Performancekunst und Punkrock gerät jeder Auftritt der Band zur Protestaktion. Für die größten Schlagzeilen sorgte ihr »Punk-Gebet« in einer Moskauer Kathedrale. Vor dem Altar protestierten sie lautstark dagegen, dass die Kirche die Kandidatur Wladimir Putins unterstützte. Das Ganze dauerte 41 Sekunden. Als bekannt wurde, dass Tolokonnikowa und zwei weitere Bandmitglieder daraufhin verhaftet worden waren, zogen sich ihre Anhänger weltweit bunte Sturmhauben, Kleider und Strumpfhosen an und forderten ihre Freilassung. Ihr Outfit wurde zum Symbol feministischen Widerstands. Tolokonnikowa ist auch nach der Freilassung aus der Haft politisch aktiv, setzt sich für Verbesserungen der Haftbedingungen ein, spielt neue Songs mit Pussy Riot ein und nimmt in ihren Vorträgen, Artikeln und Songs einen neuen Feind ins Visier: Donald Trump.

Für sie kommt nur ein Moscow Mule mit einem Schuss Jalapeño-Wodka in Frage, feurig genug, um einen anarchistischen Flächenbrand zu entfachen.

Geb. 1942

REI KAWAKUBO

Rei-Kawakubo-Cocktail

**4,5 cl weißer Rum
¼ TL Aktivkohle*
1,5 cl Zitronensaft
1,5 cl Limettensaft
3 cl Zuckersirup
0,75 cl Maraschinolikör
Garnitur: 1 Zitronentwist**

Alle Zutaten in einen mit Eis gefüllten Shaker geben und 1 Minute schütteln. In eine Cocktailschale abseihen und mit dem Zitronentwist garnieren.

*Hinweis: Aktivkohle absorbiert Giftstoffe, aber auch medizinische Wirkstoffe. Bei Einnahme von Medikamenten oder oralen Verhütungsmitteln ist Vorsicht geboten.

Mode war in der Regel ansehnlich, ehe Rei Kawakubo die Szene betrat. Mit ihren provokativen, zerrissenen, unförmigen Fetzen erhob sie hässlich zu schick.

Kawakubo wollte ursprünglich gar nicht in die Branche. Nach ihrem Kunststudium in Tokio arbeitete sie als Werbedekorateurin für einen Textilhersteller, später als freiberufliche Stylistin. Jedes Mal, wenn sie nichts Passendes fand, entwarf sie selbst etwas und wurde so zur Selfmade-Modedesignerin. Schon bald hatte sie ihr eigenes Label, Comme des Garçons (»wie Jungs«), mit dem sie sich in Japan einen Namen machte. Ihren internationalen Durchbruch erlebte sie Anfang der Achtzigerjahre mit einer Präsentation in Paris. Ihre bewusst zerfetzt und unförmig wirkenden schwarzen Kreationen zogen große Medienaufmerksamkeit auf sich. Kritiker bezeichneten ihre Mode als »apokalyptischen postatomaren Fetzenlook«. In Japan wurden Trägerinnen ihrer Kreationen wegen der düsteren Silhouette als »Krähen« tituliert.

Seither hat Kawakubo mit ihrer gegen den traditionellen Geschmack verstoßenden Mode immer wieder Grenzen überschritten und neue Akzente gesetzt. Kleider mit riesigen, entstellenden und abnehmbaren Buckeln, Outfits, die eigentlich eher an Möbelstücke erinnern – Kawakubo kennt keine Tabus. Sie liebt es, missverstanden zu werden: »Ich bin nicht glücklich, wenn eine meiner Kollektionen richtig verstanden wird«, soll sie einmal gesagt haben.

Wie ihre Kleidung ist natürlich auch ihr Cocktail nichts für Normalos. Hier ein Rezept mit Aktivkohle für ein tiefschwarzes Trinkerlebnis.

Geb. 1934

JANE GOODALL

Jane-Goodall-Cocktail

**6 cl weißer Rum
3 cl Cointreau
½ Banane
3 cl frischer Limettensaft
1 TL Agavensirup
Garnitur: 1 Limettenschnitz**

Alle Zutaten mit 100 g Eis in einen Mixer geben und kräftig durchmixen, bis die Konsistenz cremig ist. In ein Hurricaneglas füllen, mit dem Limettenschnitz dekorieren und mit Strohhalm servieren.

Die Verhaltensforscherin Jane Goodall lehrte uns, Schimpansen – und damit auch uns selbst – besser zu verstehen. Ihre Liebe zu den Primaten begann mit einem Stofftier, das sie von ihrem Vater bekommen hatte. Mit 23 zog sie von London nach Kenia, wo sie als Sekretärin für den berühmten Paläontologen Louis Leakey arbeitete. Obwohl sie keine akademische Bildung hatte, schickte Leakey sie in den tansanischen Dschungel, um unter Schimpansen zu leben und sie aus nächster Nähe zu studieren.

Als Nichtakademikerin konnte sie wissenschaftliche Methoden ignorieren und sich auf ihre Weise unter die Schimpansen mischen, ihr Verhalten nachahmen und ihnen Bananen anbieten, wenn sie sich ihr näherten. So entstand der »Banana Club«, wie sie es nannte. Sie vergab keine Nummern, um die Schimpansen voneinander zu unterscheiden, sondern Namen wie Flo, Mike oder Gigi. Ihre Nähe zu den Tieren erlaubte eine genaue Beobachtung der komplexen sozialen Strukturen und Kommunikationstechniken. »Nicht nur Menschen haben eine Persönlichkeit, können rational denken oder Freude und Trauer empfinden«, berichtete sie später. Als sie entdeckte, dass Schimpansen Zweige zum Termitenangeln verwenden, widerlegte sie die bis dato verbreitete Annahme, der Mensch unterscheide sich vom Tier durch die Fähigkeit zum Werkzeuggebrauch. Die Erfahrungen prägten Goodall derart, dass sie ihr restliches Leben dem Primatenschutz, speziell dem der Schimpansen, widmete.

Als Mitglied des Banana Club hätte sie sicher nichts gegen einen Drink mit ihrer Lieblingsfrucht, einen Banana Daiquiri, mit dem man im Nullkommanichts das Herz seiner Mitprimaten erobern dürfte.

1906–1975

JOSEPHINE BAKER

In den Zwanzigerjahren war Josephine Baker in aller Munde. Wegen ihrer freizügigen Bühnenkostüme nannte man die rehäugige Tänzerin auch »Schwarze Venus«. Ihre demonstrative Sinnlichkeit und ihr unermüdlicher Kampf gegen Rassismus machten sie zur Heldin mehrerer Generationen.

Baker wollte schon als Kind hoch hinaus. Mit 13 lief sie vor den ärmlichen Verhältnissen ihres Elternhauses in St. Louis in Missouri davon und ging nach New York, wo sie in einem Jazzclub in Harlem als Tänzerin arbeitete. Berühmt wurde sie ab 1925 im damals jazzverrückten Paris, vor allem mit den Tanzeinlagen »La Danse sauvage« und »La Folie du Jour«, die sie mit nacktem Oberkörper im Feder- beziehungsweise im Bananenröckchen präsentierte. Sie zählte Pablo Picasso und Ernest Hemingway zu ihren Freunden. Wenn sie nicht auf der Bühne stand, trug sie Designermode von Dior und Chanel. Es heißt, sie habe Tausende Heiratsanträge bekommen.

Im Zweiten Weltkrieg nutzte sie ihre Berühmtheit im Kampf gegen die Nazis. Für die Résistance schmuggelte sie geheime Botschaften zwischen ihren Notenblättern, manchmal auch in ihrer Unterwäsche. Als sie nach dem Krieg wieder in den USA auftrat, weigerte sie sich, in Sälen mit getrennten Sitzbereichen für Schwarze und Weiße aufzutreten, und entwickelte sich mehr und mehr zur Bürgerrechtlerin.

Bakers erotische Ausstrahlung und ihr Bekanntheitsgrad zur Blütezeit der Cocktailkultur in den Dreißigerjahren verlangen geradezu danach, ihr einen Cocktail zu widmen, und tatsächlich hat die Bar Florida in der kubanischen Hauptstadt Havanna 1937 einen Cocktail nach ihr benannt, dessen Rezept wir hier vorstellen.

Josephine-Baker-Cocktail

4,5 cl Cognac
4,5 cl Portwein
3 cl Apricot Brandy
0,75 cl Zuckersirup
Zitronenzeste
1 Eigelb
Garnitur: Zimt

Alle Zutaten in einem mit Eis gefüllten Shaker schütteln, in ein Cocktailglas abseihen und mit Zimt bestreuen.

Geb. 1968

KATHLEEN HANNA

»Alle Girls nach vorn!«, rief Kathleen Hanna bei den Auftritten ihrer Punkband Bikini Kill ihren weiblichen Fans zu, damit diese möglichst nah und sicher vorn an der Bühne stehen konnten und eine bessere Sicht auf die Band hatten. Die Männer verbannte sie in den Hintergrund. Das tat auch ihre Musik. Sie verschaffte Frauen ihren eigenen Raum innerhalb der von Männern dominierten Punkszene.

Die charismatische Bikini-Kill-Frontfrau wuchs in Portland in Oregon auf. Später besuchte sie das Evergreen State College in Olympia, Washington. In den späten Achtzigerjahren trat sie mit Punkbands auf und schrieb Zines, unter anderem eines mit dem Titel *Riot Grrrl*, das der gleichnamigen feministischen Bewegung der Neunzigerjahre ihren Namen gab. Zur selben Zeit trat sie der Band Bikini Kill bei. Mit ihrem schnoddrigen Auftreten, ihren provokanten Outfits (Unterhemden mit der Aufschrift »Schlampe«) und ihrer kraftvollen Stimme wurde sie bald zur Sprecherin der Riot-Grrrl-Bewegung. Die gleiche Energie bewies sie später in der Electropunkband Le Tigre und in The Julie Ruin.

Kathleen-Hanna-Cocktail

3 cl Zuckersirup
3 cl Tequila (Silver/Blanco)
3 cl roter Grapefruitsaft
Lagerbier
Garnitur: 1 Grapefruittwist

Zuckersirup, Tequila und Grapefruitsaft in ein mit Eis gefülltes Longdrinkglas geben, mit Lagerbier auffüllen und vorsichtig (Schaumbildung!) umrühren. Mit dem Grapefruittwist garnieren.

Nach Bikini Kill wurde es etwas ruhiger um Hanna, zum Teil weil sie an Lyme-Borreliose erkrankt war, wie sie in dem Dokumentarfilm *The Punk Singer* (2013) enthüllte. Unterkriegen ließ sie sich jedoch nicht. Seit sie 2015 endgültig von ihrer Krankheit geheilt wurde, steht sie mit ungebrochenem Charisma wieder als engagierte Feministin auf der Bühne.

Ihren nordwestamerikanischen Wurzeln wird ein Biercocktail am besten gerecht. Dazu je ein Schuss Tequila und Grapefruitsaft.

Geb. 1939

MARGARET ATWOOD

Margaret Atwood ist die Grande Dame der Dystopie. Kein Thema, das sie in ihren Romanen nicht behandelt: von Umweltkatastrophen über Mord bis hin zur angeordneten Fortpflanzung, meistens erzählt aus der Perspektive einer starken Protagonistin.

Sie verbrachte ihre Kindheit großenteils in den Wäldern rund um Ottawa. Sie wurde erst mit acht eingeschult, konnte aber schon mit sechs schreiben und wusste mit 16, dass sie Schriftstellerin werden wollte. Mit Anfang 20 veröffentlichte sie erfolgreich erste Gedichtbände. Der große Durchbruch kam aber erst mit dem Roman *Die eßbare Frau* (1969, dt.: 1985), einem Buch über die Rebellion einer Frau gegen die Gesellschaft, das auf dem Höhepunkt der zweiten Feminismuswelle erschien und Atwood als Vertreterin der Frauenliteratur etablierte.

Die Autorin erhielt im Laufe ihrer Karriere viele Auszeichnungen, unter anderem den Booker Prize für *Der blinde Mörder*. Weltbekannt wurde sie vor allem durch den Roman *Der Report der Magd*, die düstere Vision einer Welt, in der viele Menschen unfruchtbar geworden sind, eine christlich-fundamentalistische Sekte die Macht in den USA übernommen und die Menschenrechte außer Kraft gesetzt hat; die wenigen fruchtbaren Frauen müssen als »Mägde« Kinder für andere austragen. Als Zeichen ihrer Fruchtbarkeit tragen die Mägde rote Umhänge. In solchen Umhängen gehen in den USA auch heute noch Aktivistinnen im Kampf für die Reproduktionsrechte der Frauen auf die Straße, beeinflusst durch die erfolgreiche, von Atwood koproduzierte TV-Serie. Sie sehen in der kanadischen Schriftstellerin eine Art literarische Prophetin.

Margaret-Atwood-Cocktail

4,5 cl weißer Rum
1,5 cl Maraschinolikör
3 cl Granatapfelsaft
3 cl Limettensaft
3 cl Apfelsaft
Garnitur: 1 Löwenmäulchenblüte

Alle Zutaten in einen mit Eis gefüllten Shaker geben, gut schütteln und in einem Longdrinkglas auf Eis servieren. Mit der Blüte garnieren.

Atwoods Cocktail passt farblich zu den roten Umhängen der Mägde. Garniert wird er mit einer Blüte. Blumen gelten im Reich der Mägde als Symbol der Weiblichkeit und sind als Amulett getragen ein mächtiges Schutzsymbol.

1971–1995

SELENA

Selena-Cocktail

4,5 cl Tequila (Silver/Blanco)
1,5 cl Campari
1,5 cl frisch gepresster Limettensaft
1,5 cl frisch gepresster Grapefruitsaft
3 cl Zuckersirup
Garnitur: Grapefruittwist

Alle Zutaten in einen mit Eis gefüllten Shaker geben, schütteln und in eine Cocktailschale füllen. Mit dem Grapefruittwist dekorieren.

Nur wenige Sängerinnen haben ihr Publikum so berührt wie Selena, auch »die Königin der Tex-Mex-Musik« oder »mexikanische Madonna« genannt. Sie machte Latinomusik der breiten Masse zugänglich, starb aber leider viel zu früh.

Als Selena Quintanilla in Texas geboren, trat sie schon sehr früh an der Seite ihrer Geschwister als Selena y Los Dinos auf Hochzeiten auf. Die vom Vater gemanagte Band gewann schnell an Bekanntheit. Selena, nur mit Englisch aufgewachsen, musste extra ihr Spanisch aufpolieren, um authentisch Tex-Mex-Musik singen zu können, einen in Texas gern gehörten Musikstil, der aus der mexikanischen Volksmusik hervorgegangen ist. In der von Männern dominierten Szene wurde sie oft nicht gebucht, bekam aber dennoch einen Plattenvertrag bei einem großen Musiklabel und wurde berühmt. Sie stylte sich wie Madonna, entwarf ihre Bühnenoutfits selbst und eröffnete sogar eigene Boutiquen.

1995 wurde sie von der Managerin ihrer Ladenkette, die zugleich auch Präsidentin ihres Fanclubs war, nach einem Streit erschossen. Ihr Tod sorgte weltweit für Schlagzeilen. Die Trauer war groß. Zu ihrer Beerdigung kamen 60 000 trauernde Fans. Der damalige Gouverneur von Texas, George W. Bush, erklärte den 12. April zum Selena Day. Zwei Jahre später verhalf der Film *Selena – Ein amerikanischer Traum* Jennifer Lopez (in der Titelrolle) zum Durchbruch. Es war Selenas Musik, die Mainstream-Latinas wie Lopez und Shakira den Weg zum Erfolg ebnete.

Extra für Selena hier ein kräftiger bittersüßer Tequila-Cocktail mit einem Schuss Campari, damit das Ganze etwas rosiger aussieht.

Geb. 1958

CHRISTIANE AMANPOUR

Ob sie mitten aus einem Kriegsgebiet berichtete oder ruhig hinter dem Moderationstisch eines CNN-Studios die Weltpolitik erklärte, Christiane Amanpour bescherte uns einige der mutigsten und informativsten Nachrichtenberichterstattungen der letzten 50 Jahre.

Ihre Empathie und ihr Verständnis für andere Kulturen geht auf ihre Kindheit und Jugend zurück. Als Kind erlebte sie in Teheran die Iranische Revolution. Als sie elf war, zogen ihre Eltern nach London, wo sie die Schule abschloss. Sie studierte Journalismus in den USA und wurde 1983 vom damals noch jungen Nachrichtensender CNN eingestellt. Als erste Aufgabe wurde ihr die Berichterstattung über den ersten Golfkrieg zugewiesen. Ihre Einsätze in Kriegsgebieten, ob am Persischen Golf oder in Bosnien, begründeten ihren Ruf als furchtlose Korrespondentin und machten CNN zu einem der größten Nachrichtensender weltweit. Fast 20 Jahre lang war sie als internationale Chefkorrespondentin für CNN tätig. Außerdem moderierte sie regelmäßig die Interviewshow *Amanpour*. Ihren hohen ethischen Grundsätzen blieb sie konsequent treu. Eines ihrer berühmtesten Zitate lautet: »Es gibt Situationen, über die kann man nicht neutral berichten, denn sonst macht man sich mitschuldig.«

Auch der für sie bestimmte Cocktail ist alles andere als neutral: ein Espresso Martini, stark und intensiv im Geschmack.

Christiane-Amanpour-Cocktail

3 cl Wodka
3 cl Kahlúa
3 cl frischer Espresso
Garnitur: 3 Kaffeebohnen

Alle Zutaten in einen mit Eis gefüllten Shaker geben, schütteln und in ein gekühltes Martiniglas abseihen. Mit den Kaffeebohnen dekorieren.

1936–2017

MARY TYLER MOORE

Mary-Tyler-Moore-Cocktail

3 cl Brandy
3 cl dunkle Crème de Cacao
3 cl entrahmte Sahne (ca. 18 % Fett)
Garnitur: Muskatnuss

Zutaten in einen mit Eis gefüllten Shaker geben, schütteln und in eine Cocktailschale abseihen. Mit einer Prise frisch geriebener Muskatnuss bestreuen.

Alle Frauen im heutigen Fernsehen sind Mary Tyler Moore etwas schuldig, denn die witzige Schauspielerin mit dem breiten Lächeln hat mit ihren Darstellungen mutiger unabhängiger Frauen das Frauenbild im Fernsehen geschickt in Richtung Realität gerückt. Das erste Mal rebellierte Moore Anfang der Sechzigerjahre in der *Dick Van Dyke Show*, in der sie eine Hausfrau und Mutter spielte. Damals wurden Hausfrauen im Fernsehen brav und bieder im Tellerrock dargestellt. Moore wollte jedoch so aussehen, wie sie auch im echten Leben aussah. Also zog sie Caprihosen an. Trotz der Einwände des Senders blieb sie dabei. Caprihosen wurden zu ihrem Markenzeichen und zu einem neuen Modetrend.

Noch revolutionärer war *The Mary Tyler Moore Show* aus den Siebzigerjahren. Moore spielte darin eine aufgekratzte und dynamische TV-Produzentin, kinderlos, Mitte 30, Single und glücklich. Die Programmverantwortlichen, meistens Männer, sahen das Ganze skeptisch, doch Moore, die besser wusste, was Frauen wollen, belehrte sie eines Besseren. Ihr ausschließlich aus Frauen bestehendes Drehbuchteam (sogar für heutige Verhältnisse unüblich) griff bereitwillig Themen wie Lohngleichheit für Männer und Frauen oder Geburtenkontrolle auf. Hinzu kam, dass sich nicht alles um Männer drehte. Stattdessen wurde vorexerziert, dass auch eine Frau nur mit Beruf, Familie und Freundeskreis glücklich sein konnte. Heute klingt das banal, damals war es geradezu anarchistisch. In der Pilotfolge wurde Moore von ihrem Vorgesetzten in spe im Vorstellungsgespräch gefragt, ob sie etwas zu trinken wünsche, woraufhin sie trocken antwortete, dass sie gerne einen Brandy Alexander hätte. Den dürfte er wohl nicht im Angebot gehabt haben.

In der Tat sollte ihr Cocktail, der klassische Brandy Alexander, eher nach als während der Arbeit genossen werden.

Geb. 1960

DARYL HANNAH

Daryl-Hannah-Cocktail

4,5 cl Wodka
9 cl Tomatensaft
1,5 cl Zitronensaft
1 Dash Worcestershiresauce
1 Prise Selleriesalz
1 Prise Pfeffer
Scharfe Sauce nach Belieben
Meerrettich nach Belieben
Garnitur: 2 Stangen eingelegter
   grüner Spargel, 1 Zitronenschnitz

Alle Zutaten in ein Schraubdeckelglas geben und gut miteinander verrühren. Mit Spargelstangen und dem Zitronenschnitz garnieren.

Daryl Hannah ist der beste Beweis dafür, dass schüchterne Menschen weit kommen können. Die hochgewachsene Blondine war früher extrem schüchtern und hatte sogar autistische Züge. Später spielte sie starke ausgefallene Charaktere in großen Kinoproduktionen. Zudem setzt sie sich aktiv für den Umweltschutz ein.

Als Kind war sie gehemmt, litt unter Schlafstörungen und krankhafter Unruhe. Die Ärzte diagnostizierten Autismus und empfahlen eine Einweisung ins Heim, woran sich ihre Mutter jedoch nicht hielt. Hannah fand andere Möglichkeiten, mit ihren Zwängen umzugehen. Wenn sie nicht schlafen konnte, schaute sie Filme. Mit 17 verließ sie ihr Elternhaus, um beim Film Karriere zu machen. Berühmt wurde sie mit der Rolle der menschliche Gefühle entwickelnden Replikantin Pris in dem Blockbuster *Blade Runner*. Zu ihren weiteren Erfolgen zählten die Rolle als Meerjungfrau in *Splash – Eine Jungfrau am Haken*, die der Cro-Magnon-Frau in *Ayla und der Clan des Bären* und die der einäugigen Auftragskillerin in *Kill Bill*. Trotz der offenkundigen Zuneigung ihrer Fans bekam sie ihre Probleme nicht in den Griff. Auf dem roten Teppich zitterte sie jedes Mal vor Angst. Am Set der *Late Show* mit David Letterman wurde sie sogar ohnmächtig.

Heute kennt man sie sowohl als Schauspielerin als auch als Umweltaktivistin. Ihre Protestaktionen haben sie bereits mehrmals ins Gefängnis gebracht, was sie jedoch nicht davon abhält, weiterzumachen.

Auch ihr Cocktail, eine Bloody Mary, ist stark, außerhalb der Norm und wird gerne unterschätzt.

1928–2014

MAYA ANGELOU

Maya-Angelou-Cocktail

4,5 cl Gin
1,5 cl Cream Sherry
1,5 cl Zuckersirup
2,25 cl frischer Zitronensaft
1 Eiweiß
6 cl Sodawasser
Garnitur: 1 Zitronentwist

Alle Zutaten bis auf das Sodawasser in einen Shaker geben und 10 Sekunden schütteln. Eiswürfel hinzugeben und nochmals 10 Sekunden schütteln. In ein mit Eis gefülltes Longdrinkglas abseihen, mit Sodawasser auffüllen und mit dem Zitronentwist garnieren.

Maya Angelou, Schriftstellerin, Professorin, Bürgerrechtlerin, ist eine Lichtgestalt der Literatur des 20. Jahrhunderts. Als eine der ersten Schwarzen veröffentlichte sie Erfahrungen aus ihrem Leben und machte sich damit zum Sprachrohr der Afroamerikaner.

Angelous Karriere verlief nicht geradlinig. Sie begann als Tänzerin. Damals änderte sie ihren als zu brav empfundenen Namen von Marguerite Johnson in Maya Angelou. Sie tourte mit *Porgy and Bess* durch Europa und brachte ein Album mit Calypso-Liedern heraus. 1959 zog sie nach New York, wo sie der Harlem Writers Guild beitrat und als Koordinatorin der Southern Christian Leadership Conference Martin Luther King Jr. kennenlernte. Zehn Jahre später veröffentlichte sie den ersten Teil ihrer Autobiografie, *Ich weiß, warum der gefangene Vogel singt*. Darin schildert sie, wie sie es dank der Lektüre von Büchern geschafft hat, Rassismus, sexuellen Missbrauch und andere traumatische Erlebnisse aus ihrer Kindheit zu verarbeiten. Mit diesem Werk, das den Grundstein für sechs weitere Teile legte, wurde sie international berühmt. Auch als Dichterin feierte sie Erfolge. Ein Gedichtband, für den sie den Beinamen »Poet Laureate der schwarzen Frauen« erhielt, wurde mit dem Pulitzer-Preis ausgezeichnet. 1993 war sie die erste Afroamerikanerin und die zweite Dichterin, die bei der Amtseinführung eines US-Präsidenten, in diesem Fall Bill Clintons, aus ihrem Werk lesen durfte. Für die Aufnahme des damals vorgetragenen Gedichts bekam sie einen Grammy.

Angelou begann morgens bereits um halb sechs mit dem Schreiben. Gewöhnlich schenkte sie sich gegen elf Uhr einen Sherry ein. Deswegen gibt es für sie einen Gin Fizz mit Sherry: raffiniert, süffig und anregend.

Geb. 1954

CINDY SHERMAN

Cindy Sherman ist eine Meisterin der Verkleidung. Die in New Jersey geborene Fotografin inszeniert sich gerne selbst in Verkleidungen, mal Clown, mal Society-Lady, mal Filmstar und mal exzentrisch. Dem klassischen Schönheitsideal entsprechen ihre Selbstporträts nur bedingt.

Als sie Anfang der Siebzigerjahre die Kunstschule besuchte, dominierte die Malerei. Wer in der Kunstszene etwas gelten wollte, musste malen können. Aus Protest gegen dieses konservative Korsett griff sie zur Kamera. Ihre erste Ausstellung, *Untitled Film Stills*, umfasste 69 Schwarz-Weiß-Fotos, auf denen sie sich selbst als Modell in verschiedenen stereotypen Frauenrollen aus Filmen der Fünfziger- und Sechzigerjahre inszenierte. Damit stellte sie auch ihre eigene Identität infrage und entlarvte die Lächerlichkeit gewisser gesellschaftlicher Normen. Ihre feministischen, postmodernen Arbeiten kamen bei Publikum und Kritikern gut an, zumal sie eindrücklich zeigten, wie realitätsverzerrend Fotografien sein können.

Zu ihren späteren Werken zählen Inszenierungen für Centerfolds, Fotos im Stil der Alten Meister, Darstellungen als Märchenfigur sowie groteske Arrangements aus Prothesen und Teilen von Schaufensterpuppen, die sogenannten *Sex Pictures*. Ihr zentrales Thema ist die Vergegenständlichung der Frau. Sie ist ihr eigenes Fotomodell, gibt aber dennoch nur wenig von sich preis. Auf der Straße wird sie jedenfalls kaum erkannt, da niemand weiß, wie sie wirklich aussieht.

Sherman würde wohl einen Cosmopolitan trinken, der als typischer Frauencocktail gilt und als solcher alle Klischees bedient. Gerade das verleiht ihm etwas Subversives.

Cindy-Sherman-Cocktail

6 cl Wodka
3 cl Cranberry-Saft
2,25 cl frischer Limettensaft
2,25 cl Triple Sec
Garnitur: 1 Zitronentwist

Alle Zutaten in einen mit Eis gefüllten Shaker geben, schütteln und durch ein feines Sieb in ein gekühltes Martiniglas abseihen. Mit dem Zitronentwist garnieren.

Geb. 1966

PEACHES

Peaches-Cocktail

Für das Pfirsichpüree:
1 reifer Pfirsich
1 TL Zitronensaft
1 EL Zucker

Pfirsich schälen, entkernen und mit Zitronensaft und Zucker in einem Mixer fein pürieren.

Für den Cocktail:
3 cl Pfirsichpüree
Prosecco
Garnitur: 1 Pfirsichscheibe

Pfirsichpüree in eine Champagnerflöte abseihen, mit Prosecco auffüllen und mit der Pfirsichscheibe dekorieren – am besten schmecken reife Pfirsiche. Außerhalb der Saison kann das Pfirsichpüree durch 3 cl italienischen Pfirsichnektar ersetzt werden.

Die Electroclash-Pionierin kennt in Sexfragen keinerlei Tabus. Sie arbeitete zunächst als Lehrerin in Toronto. In der dortigen Indieszene tat sie sich mit ihrer damaligen Mitbewohnerin, der Sängerin und Songwriterin Leslie Feist, zusammen, die in ihren Live-Shows mit einer Sockenpuppe auftrat. 2000 besuchte sie ihren Musikerfreund Chilly Gonzales in Berlin und blieb dort. Kurze Zeit später bot ihr das Label Kitty-Yo einen Plattenvertrag an. Mit 34 verhalf ihr der Dance-Hit »Fuck the Pain Away« zum Durchbruch, in dem sie zu einfachen Beats repetitiv ihre Lust auf Sex kundtut.

An ihren anzüglich-provokanten Texten über die weibliche Sexualität hat sich seither nichts geändert. Dafür sorgten Alben wie *Fatherfucker* (von dem sie sagte: »Wenn wir motherfucker sagen, warum dann nicht auch fatherfucker? Gleiches Recht für alle.«), *Impeach My Bush*, *I Feel Cream* und *Rub*. Ihre Auftritte sind eine Mischung aus Gesang und Performance-Kunst in bizarren metallischen Trainingsanzügen, Unterwäsche oder noch weniger. Nicht minder verstörend sind ihre Albumcover und ihre Musikvideos. In dem Video zu »Rub« sind neben viel nackter Haut nach eigener Aussage auch jede Menge »haarige Pussys« zu sehen.

Auch wenn Peaches noch immer eher zur Untergrundszene gehört, hat sich eine ganze Generation Popstars von ihr beeinflussen lassen, unter anderem Lady Gaga und Miley Cyrus. Mit ihrer Musik im Hintergrund wird jeder Auftritt zu einem feministischen Statement. Das beste Beispiel ist die Late-Night-Talkshow *Full Frontal with Samantha Bee* mit »Boys Wanna Be Her« als Titelmelodie.

Nach einer Nacht mit jeder Menge »Spaß« hätte Peaches vielleicht nichts gegen einen klassischen Bellini mit frischem Pfirsichsaft zum Frühstück.

1881–1931

ANNA PAWLOWA

Eine grazile Tänzerin, die ihren geschmeidigen Körper wie ein sterbender Schwan zu winden vermochte: Das war die berühmte Ballerina Anna Pawlowa, die erste, die auf Welttournee ging und das Publikum mit ihrem eigenwilligen artistischen Tanzstil in ihren Bann zog.

Pawlowa musste für ihren Traum hart arbeiten. Sie wuchs in ärmlichen Verhältnissen in Russland auf. Trotzdem trieb ihre Mutter irgendwie das Geld für Ballettunterricht auf. Für Anna war es Liebe auf den ersten Blick. Später, mit zehn Jahren, meldete sie sich in einer Tanzschule an, aber ihr Körperbau entsprach nicht dem Bild der klassischen Ballerina. Sie war größer als ihre Mittänzerinnen, hatte Hohlfüße und sehr dünne Knöchel. Dennoch trainierte sie unermüdlich und bekam nach ihrem Abschluss eine Anstellung im Mariinski-Theater in Sankt Petersburg. Mit 25 avancierte sie zur Primaballerina.

Zum Entsetzen, aber auch zur Freude des Publikums hielt sie sich nicht an die Regeln des klassischen Balletts. Sie streckte die Beine nicht richtig durch und drehte die Füße nicht korrekt nach außen. Ihre Bewegungen waren nicht diszipliniert, sondern romantisch und ausdrucksvoll. Berühmt wurde sie mit dem extra für sie choreografierten Tanzsolo aus »Der sterbende Schwan«, das sie im Laufe ihres Lebens über 4000-mal vorführte. Mit wachsendem Erfolg gründete sie ihr eigenes Ensemble und ging mit diesem auf Welttournee.

Für sie sollte es ein leichter Cocktail sein, erlesen und exquisit, mit dem morbiden Charme ihres berühmten Tanzsolos.

Anna-Pawlowa-Cocktail

6 cl Wodka
3 cl Zitronensaft
3 cl Zuckersirup
1 Eiweiß
2 Dashes Vanille
Garnitur: Schleierkraut

Alle Zutaten in einen mit Eis gefüllten Shaker geben, schütteln und in eine Cocktailschale abseihen. Mit dem Schleierkraut dekorieren.

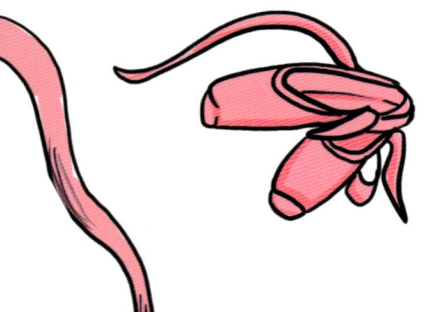

1911–1989

LUCILLE BALL

Die Begeisterung der Amerikaner für Lucille Ball hielt fast das ganze 20. Jahrhundert über an. Doch die rothaarige Schauspielerin war viel mehr als jedermanns Liebling. Sie war eine Pionierin, die vor der Kamera ihr Publikum unterhielt und hinter den Kulissen Hollywoods mit eingefahrenen Traditionen brach.

Sie begann als Model. Damals war sie 18. In den Folgejahren trat sie in mehreren Filmen als Revuegirl auf. Mit 30 lernte sie den kubanischen Bandleader Desi Arnaz kennen und lieben. Die beiden heirateten. Sie arbeitete hartnäckig weiter an ihrer Filmkarriere, übernahm aber auch Rollen in Low-Budget-Produktionen, was ihr den Spitznamen »Königin der B-Movies« eintrug. Sie färbte sich die Haare rot, machte sich allmählich einen Ruf als Komikerin und wurde für die Hauptrolle in der TV-Serie *I Love Lucy* engagiert, mit ihrem Ehemann an ihrer Seite. Die Serie erzielte hohe Einschaltquoten und machte Ball, mittlerweile 40, landesweit berühmt. Das Format brachte einiges, was es im US-Fernsehen so noch nicht gegeben hatte: Mischehe, Livepublikum und die Fortsetzung der Dreharbeiten trotz Schwangerschaft der Hauptdarstellerin, damals noch ein Skandal. Das Wort »schwanger« war tabu. Dementsprechend musste Ball sich als »in der Hoffnung« bezeichnen.

Ihr Einfluss ging weit über ihre TV-Präsenz hinaus. Mit ihrem Ehemann gründete sie die Produktionsfirma Desilu, die sie nach der Scheidung allein weiterführte. Sie entwickelte bekannte Fernsehserien wie *Die Unbestechlichen* und *Raumschiff Enterprise*. Bis 1962 war Desilu die zweitgrößte unabhängige Produktionsfirma in den USA und Ball die erste Frau, die ein Hollywoodstudio besaß.

Zu ihr passt ein lieblicher Frosé, leicht, erfrischend und farblich passend zu ihrem Haar.

Lucille-Ball-Cocktail
Für 4 Personen

Für den Erdbeersirup:
100 g Zucker
5 große Erdbeeren, entstielt und geviertelt

Zucker und 120 ml Wasser zum Kochen bringen, vom Herd nehmen, Erdbeeren hinzugeben und 5 Minuten köcheln lassen. Abseihen (die Erdbeerstücke können anderweitig verwendet werden).

Für den Cocktail:
750 ml Rosé
6 cl Erdbeersirup
6 cl frischer Zitronensaft
6 cl Wodka
Garnitur: 4 frische Erdbeeren

Rosé in Eiswürfelform füllen und über Nacht ins Gefrierfach stellen. In einem Mixer Roséwürfel, Erdbeersirup, frischen Zitronensaft und Wodka 2 Minuten lang pürieren, in Weingläser füllen und mit je einer frischen Erdbeere garnieren.

Geb. 1929

YAYOI KUSAMA

Yayoi-Kusama-Cocktail
Ergibt je nach Größe 10–16 Portionen

420 ml Champagner (360 und 60 ml)
1 EL Zitronensaft
1 EL Zucker
3 Päckchen Gelatine
Bunte Zuckerstreusel

360 ml Champagner, Zitronensaft und Zucker in einen Topf geben, Gelatine darüberstreuen und 2 bis 3 Minuten einweichen lassen. Alles auf niedriger Stufe erhitzen und 2 bis 3 Minuten umrühren, bis sich die Gelatine aufgelöst hat. Die verbleibenden 60 ml Champagner unterrühren. Das Ganze in die Vertiefungen eines Mini-Muffin-Blechs füllen (Blech zuvor mit Antihaftspray einsprühen) oder alternativ in Einweg-Pappbecher. Bis zur gewünschten Höhe füllen und zwei Stunden in den Kühlschrank stellen. Wenn die Gelatine ausgehärtet ist, Inhalt des Muffin-Blechs oder der Pappbecher auf Pergamentpapier stürzen. Pappbecher entfernen, notfalls mit der Schere. Jell-O Shots vor dem Servieren in bunte Zuckerstreusel tauchen.

Die atemberaubend glitzernde Pracht von Yayoi Kusamas *Infinity-Mirror*-Rauminstallationen begeistert Instagram-Nutzer seit einer gefühlten Ewigkeit. Die experimentelle Künstlerin ist jedoch nicht nur ein viraler Hit. Seit den Fünfzigerjahren beeinflusst sie Pop-Art und Feministische Kunst.

Als Kind hatte Kusama Halluzinationen, die sie als »Punkt- und Netzmuster« beschrieb und später künstlerisch umsetzte. Punkte wurden zu ihrem Markenzeichen. Berühmt wurde sie anfangs mit ihren Polka-Dots-Bildern. »Polka Dots sind eine Art Unendlichkeit«, sagte sie einmal. In den späten Fünfzigerjahren zog sie nach New York und machte sich einen Namen in der avantgardistischen Künstlerszene. Sie inszenierte unkonventionelle Ausstellungen, überzog ganze Räume mit phallischen Formen und veranstaltete Happenings, unter anderem 1969 die *Grand Orgy to Awaken the Dead at MoMA*, bei der sie Punktmuster auf die nackten Körper der Teilnehmer malte.

Ende der Siebzigerjahre ging sie, da sie nach wie vor unter Halluzinationen litt, freiwillig in eine Nervenheilanstalt in Tokio, wo sie noch heute weilt. Kunst macht sie in ihrem Atelier auf der gegenüberliegenden Straßenseite. Ihre Werke werden weltweit ausgestellt. Kusama zählt zu den bekanntesten zeitgenössischen Künstlern. Die Ausstellungen in ihrem Museum, zu denen sie in skurrilen Polka-Dot-Ensembles mit bunter Perücke erscheint, ziehen Millionen von Besuchern an.

Zu ihr passt etwas, was genauso unkonventionell, skurril und hübsch anzusehen ist wie ihre Werke, ein Jell-O Shot mit Champagner, bunten Polka-Dot-Zuckerstreuseln und dem Geschmack der Unendlichkeit.

1903–1977

ANAÏS NIN

Das Enfant terrible der Literaturszene war sexpositiv, bevor dieser Begriff überhaupt geprägt worden war. In Frankreich als Tochter kubanischer Eltern geboren, heiratete sie eine gute Partie und finanzierte mit ihrem Geld junge Künstler wie Henry Miller, mit dem sie eine heiße Affäre hatte. Überhaupt zogen sich Affären mit Schriftstellern durch ihr gesamtes Leben.

Jahrelang kämpfte sie als Schriftstellerin um Anerkennung. Viele ihrer Werke musste sie im Selbstverlag veröffentlichen. Zum Teil bediente sie sogar selbst die Druckpresse. Manche Bücher wurden von den Kritikern verrissen, andere als Pornografie abqualifiziert. Der große Erfolg kam erst mit 63 dank der Veröffentlichung ihrer Tagebücher, die Schilderungen aus ihrem Leben mit philosophischen Gedanken kombinierten. Sie wurde zur Heldin der Feministinnen. Anaïs Nin wird auch heute noch gern und oft zitiert. Postum geriet sie neuerlich in Verruf, als 30 Jahre zuvor geschriebene Erotica sowie unzensierte Versionen ihrer Tagebücher auf den Markt kamen, die explizite Beschreibungen sexueller Handlungen, unter anderem zwischen ihr und Miller, enthielten. Aus weiblicher Perspektive über Sex zu schreiben machte Nin jedenfalls zur Pionierin. Selbst aus heutiger Sicht erscheinen ihre Bücher immer noch gewagt.

In ihren Tagebüchern schrieb sie: »Wenn du besoffen bist, funkelt ein ganz gewöhnliches Glas wie ein Diamant«, und »Wenn du betrunken bist, kommt dir ein Eisenbett vor wie das Daunenbett eines wollüstigen Sultans«. Sie machte selbst etwas Banales wie das Trinken zu einem Akt der Leidenschaft. Vielleicht hätte ein Martini ihre Leidenschaft entfacht, vor allem mit einem Schuss Orangenbitter.

Anaïs-Nin-Cocktail

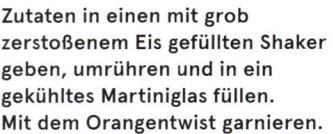

7,5 cl Gin
1,5 cl Wermut (extra trocken)
2 Dashes Orangenbitter
Garnitur: 1 Orangentwist

Zutaten in einen mit grob zerstoßenem Eis gefüllten Shaker geben, umrühren und in ein gekühltes Martiniglas füllen. Mit dem Orangentwist garnieren.

Geb. 1981

BETH DITTO

Beth Dittos auffälligstes Merkmal ist ihr Selbstbewusstsein. Die Sängerin und Songwriterin, die als Frontfrau die Rockband The Gossip berühmt machte, beschrieb sich selbst einmal als »fette feministische Lesbe aus Arkansas«. Ob auf der Bühne oder im Alltag, sie fällt auf und steht dazu.

Ditto wuchs in ärmlichen Verhältnissen in einer strenggläubigen Großfamilie auf, die hinter ihr stand, als sie sich mit 15 als bisexuell und mit 18 als lesbisch outete, noch dazu im ultrakonservativen Arkansas. Damals gründete sie mit Freunden eine WG in Olympia, Washington, wo die Riot-Grrrl-Bewegung entstanden war – das perfekte Umfeld für The Gossip, eine provokative Band mit anzüglichen Songtexten, der sie von 1999 bis 2016 als Frontfrau ihren Stempel aufdrückte. Die kraftvolle Homohymne »Standing in the Way of Control« brachte der Band 2006 schlagartig Berühmtheit. Ditto machte aber nicht nur als Sängerin, sondern auch als LGBT-Aktivistin und Pionierin in Sachen positives Körpergefühl von sich reden. Ihr Nacktfoto auf dem Cover des *LOVE Magazine* rief 2009 heftige Reaktionen hervor, denn ihr Körper war weit vom gängigen Schönheitsideal solcher Zeitschriften entfernt. »Wenn sie meinen Körper sehen, denken die Leute vielleicht daran, dass Menschen wie ich in der Überzahl sind«, kommentierte sie das Foto. Ditto setzte mit ihren auffälligen Mustern, grellen Farben und übertriebenen Designs Modetrends und machte so ein paar Mainstream-Designer auf sich aufmerksam, darunter Jean Paul Gaultier und Marc Jacobs, für die sie als Model über den Laufsteg lief. 2016 lancierte sie ihre eigene Kollektion, bestehend aus grellen avantgardistischen Kreationen, die die Schönheit des weiblichen Plus-Size-Körpers betonen und nicht verstecken.

Für eine Frau wie Ditto hier ein Eistee mit Schuss, ein verlässlicher Durstlöscher an einem heißen Sommertag in Arkansas und mit seiner auffälligen Minzedeko sicher ein Eyecatcher.

Beth-Ditto-Cocktail

240 ml schwarzer Tee
1 EL Zucker
1 Zitrone
einige Blätter frische Minze
4,5 cl Bourbon
1,5 cl Cointreau
Garnitur: frische Minzezweige

Tee zubereiten, Zucker einrühren, abkühlen lassen. In einem Schraubdeckelglas die in Scheiben geschnittene Zitrone mit ein paar Minzeblättern zerdrücken. Bourbon und Cointreau in ein mit Eis gefülltes Glas geben. Mit dem abgekühlten Tee auffüllen und mit mehreren Minzezweigen garnieren.

1901–1992

MARLENE DIETRICH

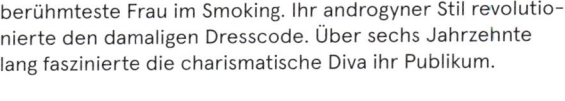

Marlene-Dietrich-Cocktail

6 cl Rye Whiskey
1,5 cl Cointreau
3 Dashes Angostura
Garnitur: 1 Zitronen- oder Orangenschnitz

Alle Zutaten in ein Rührglas geben und gut verrühren. In einen mit Eiswürfeln gefüllten Tumbler abseihen und mit dem Schnitz garnieren.

Die deutsche Schauspielerin und Sängerin war wohl die berühmteste Frau im Smoking. Ihr androgyner Stil revolutionierte den damaligen Dresscode. Über sechs Jahrzehnte lang faszinierte die charismatische Diva ihr Publikum.

Marlene Dietrich wurde in Berlin geboren und begann ihre Karriere als Theaterschauspielerin. Sie liebte Partys und Sportwagen und umgab sich mit schwulen Männern mit einem Faible für Damenkleider. Ihnen zuliebe ließ sie sich einen Smoking anfertigen, obwohl Frauen damals keine Hosen trugen, und legte sich zusätzlich noch einen Zylinder zu. Mit diesem Look wurde sie berühmt. Nachdem ihr in Deutschland der Durchbruch mit dem Film *Der blaue Engel* gelungen war, ging sie nach Hollywood und drehte dort *Marokko*. Sie spielt darin eine Nachtclubsängerin, die in einer Szene als Mann gekleidet eine andere Frau küsst, womit sie nicht das geringste Problem hatte, da sie ohnehin für ihre Affären sowohl mit Männern als auch mit Frauen bekannt war.

Ihr Image als androgyner Vamp legte sie nie ab. In späteren Jahren trat sie in ihren eigenen Bühnenshows in Las Vegas auf. Die erste Hälfte der Show absolvierte sie in einem gewagt durchsichtigen Kleid, um sich dann für die zweite Hälfte in Smoking und Zylinder zu werfen und typische Männerschlager zu singen.

Es heißt, die Diva habe am Set an Zitronen gelutscht, weil sie glaubte, das würde ihre Mundmuskulatur straffen. In einer Bar in Hollywood bestellte sie stets denselben Drink, bis der Barkeeper ihn in Marlene Dietrich umbenannte, woraufhin sie ihn natürlich umso lieber bestellte.

1950–2016

ZAHA HADID

Die irakisch-britische Stararchitektin wurde auch die Königin des fließenden Designs genannt. Mit ihren geschwungenen Linien sprengte sie die Grenzen der Architektur. Eines steht fest: Ihre Gebäude heben sich ab.

Von Anfang an hatte sie es schwer, andere von ihren architektonischen Vorstellungen zu überzeugen. Ihr ehemaliger Lehrer Rem Koolhaas würdigte sie als »Planet mit eigenem Orbit«. Ihre Projekte, oft farbenfroh wie Gemälde, waren eindrucksvoll und einzigartig, allerdings vielen Bauherren auch zu kühn. Kostspielig und geradezu anarchistisch im Design, wurden viele als nicht umsetzbar eingestuft. Der Durchbruch kam, als der deutsche Möbelhersteller Vitra sie 1991 mit dem Entwurf des werkseigenen Feuerwehrhauses beauftragte. Die Formensprache ihres Entwurfs aus Beton und Glas wurde in Fachzeitschriften bereits gewürdigt, noch ehe das Gebäude stand. Damit war der Weg für weitere Projekte geebnet. Es folgten das London Aquatics Centre für die Olympischen Spiele 2012, das Eli and Edythe Broad Art Museum in Michigan, das Opernhaus in Guangzhou und das al-Wakrah-Stadion in Katar, das aufgrund seines an Schamlippen erinnernden Designs großes Aufsehen erregte. Zaha Hadid zufolge ist diese Ähnlichkeit unbeabsichtigt. Zumindest ist das Design in einem männlich dominierten Sport eine erfrischende Abwechslung.

Eine Frau, die nahezu unbaubare Bauwerke entwarf, verdient einen herausfordernden Cocktail. Unser an einen Ramos Gin Fizz angelehntes Rezept verlangt Durchhaltevermögen und Armmuskulatur. Wer beides mitbringt, wird mit einem ästhetisch-schaumigen Kunstwerk belohnt.

Zaha-Hadid-Cocktail

6 cl Gin
1,5 cl entrahmte Sahne (ca. 18% Fett)
1,5 cl frischer Zitronensaft
1,5 cl frischer Limettensaft
3 cl Zuckersirup
3 Dashes Lavendelwasser
Eiweiß von einem mittelgroßen Ei
6 cl Sodawasser
Garnitur: 1 frischer Lavendelzweig

Alle Zutaten bis auf das Sodawasser in einen Shaker geben und mindestens 1 Minute lang, nach Möglichkeit länger, kräftig schütteln. Shaker zu zwei Dritteln mit Eis füllen und nochmals mindestens 1 Minute schütteln, idealerweise, bis das Eis geschmolzen ist und die Arme wehtun. In ein Longdrinkglas abseihen, mit Sodawasser auffüllen und mit dem Lavendelzweig dekorieren.

Geb. 1941

VIVIENNE WESTWOOD

Laut und schrill ist die Mutter der Punkmode auch heute noch, über 40 Jahre, nachdem der Irokesenschnitt zum Symbol des Nonkonformismus wurde. Ende der Siebzigerjahre begann Vivienne Westwood, für ihren damaligen Lebensgefährten Malcolm McLaren unkonventionelle Mode zu entwerfen, die er in seinem Geschäft in Chelsea verkaufte: hautenge Hosen, Oberteile mit Reißverschlüssen an unüblichen Stellen und T-Shirts mit anzüglichen Aufschriften. Sie war vom Landei zur Provokateurin mutiert. Der von ihr kreierte Look wurde zum Markenzeichen der Punkbewegung. Berühmt machten ihn die von ihrem Partner gemanagten Sex Pistols, die mit ihrer despektierlichen Punkhymne »God Save the Queen« Musikgeschichte schrieben.

Nach der Punkära wechselte Westwood von Underground zu Haute Couture und trennte sich von McLaren. Seither lässt sie sich von historischen Vorbildern, insbesondere viktorianischen, inspirieren. Darüber hinaus engagiert sie sich für Umweltschutz und Bürgerrechte. 1989 ließ sie sich für das Cover des *Tatler*-Magazins als Margaret Thatcher verkleidet fotografieren (die britische Premierministerin war *not amused*). Eine ihrer Kollektionen widmete sie der Whistleblowerin Chelsea Manning. Außerdem nutzte sie ihre Modenschauen zur Sensibilisierung für den Klimawandel. Für Schlagzeilen sorgte sie, als sie mit einem Panzer vor David Camerons Landsitz vorfuhr, um gegen Fracking zu protestieren. Trotz ihrer regierungskritischen Haltung gilt sie als Aushängeschild britischer Kultur und wurde 2006 mit dem britischen Verdienstorden ausgezeichnet.

Die rebellische Britin ist geradezu prädestiniert für einen Bramble. Der Cocktail wurde 1980 in London erfunden. Crème de Cassis sorgt für ein kräftiges, einem Punk-Iro in nichts nachstehendes Violett, Zitronensaft für eine angenehm herbe Säure.

Vivienne-Westwood-Cocktail

3 cl Zitronensaft
6 cl Gin
3 cl Crème de Cassis
Garnitur: frische Minzeblätter

Zutaten in einen Shaker geben und schütteln. In einen mit zerstoßenem Eis gefüllten Tumbler füllen und mit Minzeblättern garnieren.

1959–1998

FLO-JO

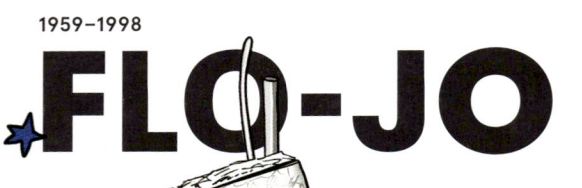

Ein bunter Kometenschweif mit langer schwarzer Mähne und auffällig-bunten Fingernägeln – das war Florence Griffith-Joyner. Die US-Sprinterin und Olympiasiegerin stellte Weltrekorde auf, die bis heute Bestand haben. Sie war die schnellste Frau der Welt und sah in ihren Sprintoutfits dabei auch noch verdammt gut aus.

Schnell war die gebürtige Kalifornierin schon immer. Als sie klein war, wettete ihr Vater bei einem Ausflug in die Mojave-Wüste mit ihr, dass sie keinen Hasen fangen könne, und verlor die Wette. In der Highschool stellte sie bereits erste Rekorde auf der Tartanbahn auf, aber das war nichts im Vergleich zu ihren Zeiten bei den Olympischen Spielen 1984 und 1988. Damit schrieb sie Leichtathletikgeschichte. Im Wettkampf trug sie asymmetrische Laufanzüge mit nur einem Bein, Leggings aus Spitze und hauteng Team-Laufanzüge mit eng anliegender Kapuze, was sie zum Liebling der Medien machte. Im Gegensatz zu vielen Sprintern, die nichts trugen, was ihre Aerodynamik beeinträchtigt hätte, trug sie Schmuck und ihre langen schwarzen Locken offen. Außerdem hatte sie extrem lange, bunt lackierte Fingernägel. Damit hob sie sich von der in Elastan gehüllten Konkurrenz ab, aber das konnte sie sich leisten, denn sie war schneller als alle anderen. Als sie bei den Olympischen Spielen 1988 dreimal Gold und eine Silbermedaille gewann, lackierte sie sich die Nägel in den Farben der US-Flagge.

1989 beendete sie ihre sportliche Karriere. Mit nur 38 erlag sie nachts einem epileptischen Anfall. Den Look im Laufsport wie im Sport allgemein hat sie jedoch für immer verändert. Heute ist schrill-bunte Sportmode selbstverständlich. Jeder trägt sie, ob auf der Straße oder auf dem Podium.

Ihr zu Ehren hier ein Schichtcocktail in den Farben des Sternenbanners, passend zu ihren Siegernägeln von 1988.

Flo-Jo-Cocktail

Für den Himbeersirup:
100 g Zucker
30 g Himbeeren

120 ml Wasser und Zucker zum Kochen bringen. Vom Herd nehmen, Himbeeren hinzufügen und 5 Minuten köcheln lassen. Durch ein Sieb abgießen (Himbeeren anderweitig verwenden).

Für den Cocktail:
3 cl Himbeersirup
1,5 cl Blue Curaçao
9 cl San Pellegrino Limonade
4,5 cl Wodka

Longdrinkglas mit zerstoßenem Eis füllen, Himbeersirup hinzugeben, dann den Blue Curaçao vorsichtig über einen Löffelrücken ins Glas fließen lassen. In einem separaten Glas Limonade und Wodka vermischen und ebenfalls langsam ins Glas laufen lassen. Mit Strohhalm oder Löffel servieren. Die Schichten sehen hübsch aus, dennoch sollte man den Cocktail vor dem Genuss umrühren.

Geb. 1949

MERYL STREEP

Meryl-Streep-Cocktail

Für den Zimtsirup:
**100 g weißer Zucker
4 Zimtstangen**

Zucker und 120 ml Wasser in einem Topf zum Kochen bringen. Zimtstangen hinzugeben und 5 Minuten köcheln lassen. Nach dem Abkühlen Zimtstangen entfernen. Bis zur Verwendung im Kühlschrank aufbewahren.

Für den Cocktail:
**4,5 cl Bourbon
1,5 cl Zitronensaft
1,5 cl Zimtsirup
Trockener Cidre**

Garnitur: 2–3 dünne Apfelscheiben
Bourbon, Zitronensaft und Sirup in einen Shaker geben, auf Eis schütteln, in ein mit Eis gefülltes Longdrinkglas abseihen und mit Cidre auffüllen. Mit den Apfelscheiben garnieren.

Meryl Streep kann fast alles spielen. Sie gilt als die beste Schauspielerin unserer Zeit und schlüpft immer wieder mühelos in neue Rollen, von Margaret Thatcher bis Anna Wintour.

Streep begann ihre Schauspielkarriere auf der Bühne, zunächst in der Highschool, nach ihrem Master of Fine Arts im Fach Schauspiel an der Universität Yale auf großen New Yorker Theaterbühnen. Sie bewarb sich auch beim Film, anfangs allerdings mit mäßigem Erfolg. Als sie sich für eine *King-Kong*-Neuverfilmung bewarb, fragte der Regisseur seinen Sohn auf Italienisch: »Warum bringst du mir diese hässliche Kuh?« Streep antwortete ihm ebenfalls auf Italienisch: »Tut mir leid, dass ich für eine Rolle in *King Kong* nicht hübsch genug bin.« Diese Rolle bekam sie zwar nicht, dafür aber eine in *Die durch die Hölle gehen*. Das war der erste einer langen Reihe von Filmen, die bei Kritikern wie Publikum gleichermaßen gut ankamen. Es folgten unter anderem *Kramer gegen Kramer*, *Sophies Entscheidung*, *Grüße aus Hollywood*, *Der Teufel trägt Prada* und *Die Eiserne Lady*. Bisher wurde sie 400-mal für eine Auszeichnung nominiert, darunter für mehr Oscars als jedes andere Mitglied ihrer Zunft.

Trotz ihres Ruhms ist Streep bodenständig und normal geblieben. Sie steht nie in der Klatschpresse und lebt weitgehend zurückgezogen. Für sie haben wir einen Cocktail, der ihrer unaufdringlichen Vielseitigkeit gerecht wird: leicht prickelnder Cidre, dazu Bourbon als kräftiges Rückgrat.

Geb. 1975

ZADIE SMITH

Manche Schriftsteller brauchen Jahre bis zum Durchbruch (einige schaffen es nie). Zadie Smith schlug dagegen bereits im Alter von 24 Jahren mit ihrem Debütwerk *Zähne zeigen* ein wie eine Bombe. In ihren breit angelegten Romanen behandelt sie Themen wie Rassen- und Klassenunterschiede oder kulturelle Identität mit großer Scharfsicht und ebensolcher Sprachgewalt. Dies gepaart mit fesselnder Handlung macht sie zu einer der erfolgreichsten Autorinnen unserer Zeit.

Halb Jamaikanerin, halb Engländerin, aufgewachsen im Nordwesten Londons, ist Smith das typische Produkt britischer Multikulturalität. Letztere behandelt sie in *Zähne zeigen* am Beispiel dreier Familien unterschiedlicher Herkunft im multikulturellen London. Auch Themen wie das Wesen der Schönheit oder Frauenfreundschaft gehören zu ihrem Repertoire, bisweilen mit Ausflügen in die Popkultur. So erinnert die Sängerin in *Swing Time* zum Beispiel stark an Kylie Minogue.

Sie ist Vorbild für viele ambitionierte Frauen, auch in puncto Styling. Mit ihrer riesigen Brille, ihren bunt gemusterten Oberteilen und ihren Turbanen hat sie es immerhin in die *Vogue* geschafft. Um ihre Fähigkeit, einen Erfolgsroman nach dem anderen abzuliefern, wird sie von vielen beneidet. Ihr Cocktail ist traditionell, aber nicht altbacken, eine schokoladige Variante des Sazerac, serviert in einer klassischen englischen Teetasse.

Zadie-Smith-Cocktail

1 Stück Würfelzucker
6 cl Bourbon
2 Dashes Peychaud's Bitters
1,5 cl **Crème de Cacao**
1,5 cl **Absinth**
Garnitur: 1 Stück Zitronenschale

Zuckerwürfel in ein Rührglas geben, in etwas Wasser einweichen und mit einem Löffel zerdrücken. Bourbon, Peychaud's Bitters, Crème de Cacao sowie Eis hinzufügen und umrühren.

Absinth in eine Teetasse geben. Tasse schwenken, um die Innenfläche zu benetzen. Überschüssigen Absinth abgießen. Die Bourbonmischung aus dem Rührglas durch ein Sieb in die Teetasse gießen und mit der Zitronenschale garnieren.

1908–1986

SIMONE DE BEAUVOIR

Simone de Beauvoir war in der ersten Hälfte des 20. Jahrhunderts eine der prominentesten Vertreterinnen des Existenzialismus. Einen großen Teil ihrer Schriften widmete sie dem »anderen Geschlecht«, sprich den Frauen.

Aufgewachsen in einer großbürgerlichen Pariser Familie, wurde das anfangs noch gläubige Kind nach einer Glaubenskrise im Teenageralter zur Atheistin. Ihre Heiratsaussichten schwanden, nachdem ihre Familie im Ersten Weltkrieg ihr Vermögen verloren hatte, doch sie sah darin die Chance, ihr eigenes Leben zu leben, studierte und bestand 1928 im Alter von 20 Jahren die Lehramtsprüfung für das Gymnasium. Kurze Zeit später begann ihre lebenslange Beziehung zu Jean-Paul Sartre, ohne Trauschein und mit wechselnden Partnern auf beiden Seiten, manchmal als Dreierbeziehung. Die beiden entwickelten sich zu den führenden Intellektuellen Frankreichs.

Unter den vielen Romanen, Essays und Erzählungen muss man vor allem *Das andere Geschlecht* hervorheben, mit dem berühmten Zitat »Man ist nicht als Frau geboren, man wird es«, womit die Autorin sagen wollte, dass die Unterdrückung der Frau eine Folge des Patriarchats sei, und damit den Grundstein für die zweite Feminismuswelle legte.

Beauvoir traf sich in den Pariser Cafés mit anderen Intellektuellen, um bei Aprikosencocktails über die Existenz zu philosophieren. Daher für sie ein Cocktail mit Aprikosen-Shrub, auf Wunsch auch mit philosophischem Diskurs.

Simone-de-Beauvoir-Cocktail

Für den Aprikosen-Shrub:
2 Aprikosen
Zucker
Apfelessig

Aprikosen kleinschneiden, in Zucker wälzen und in einem luftdichten Gefäß einen oder 2 Tage in den Kühlschrank stellen. Flüssigkeit abseihen, im Verhältnis 1:1 mit Apfelessig mischen und weitere 2 Tage in den Kühlschrank stellen.

Für den Cocktail:
3 cl Aprikosen-Shrub
4,5 cl Bourbon
Aprikosenstücke
Sodawasser

Aprikosen-Shrub und Bourbon in ein mit Eis gefülltes Longdrinkglas gießen. Dünne Aprikosenscheiben hinzugeben und mit Sodawasser übergießen.

Geb. 1946

MARINA ABRAMOVIĆ

Marina-Abramović-Cocktail

2 kleine Stücke frischer Ingwer (je 1 cm)
6 cl Scotch
3 cl Rote-Bete-Saft
3 cl Zitronensaft
3 cl Honigsirup (halb Honig, halb heißes Wasser)
Garnitur: kandierte Ingwerstücke am Cocktailspieß

Ingwer in einem Shaker zerdrücken, Eis sowie die anderen Zutaten hinzufügen, schütteln und in einer Cocktailschale servieren. Mit aufgespießtem kandiertem Ingwer dekorieren.

Keine Herausforderung ist der serbischen Performancekünstlerin zu anstrengend oder zu extrem. Seit über 40 Jahren provoziert sie das Publikum unter Einsatz ihres eigenen Körpers, um Grenzen menschlicher Erfahrung auszuloten, was ihr den Spitznamen »Großmutter der Performancekunst« eingebracht hat.

Bereits bei ihrer ersten Performance, *Rhythm 10*, in Edinburgh 1973 ging sie an die Schmerzgrenze. Damals führte sie das »Messerspiel« vor, bei dem sie mit einem Messer abwechselnd in die Zwischenräume ihrer gespreizten Finger stach und hoffte, konzentriert genug zu bleiben, um sich das Messer nicht in die Finger zu rammen. Ab 1974 interagierte sie auch mit dem Publikum. In der umstrittenen Performance *Rhythm 0* durften die Besucher einen von 72 Gegenständen auswählen und ihr damit antun, was sie wollten. Am Ende war sie nackt und hatte Schnittwunden. Ein Besucher hatte ihr sogar eine Pistole an den Kopf gehalten. »Eines habe ich gelernt: Wenn man die Leute lässt, töten sie dich möglicherweise«, lautete ihre Erkenntnis.

Berühmt wurde sie durch die Performance *The Artist Is Present*, bei der sie 2010 drei Monate im New Yorker Museum of Modern Art auf einem Stuhl saß, um insgesamt 1645 Besuchern in die Augen zu blicken. Jeder durfte ihr so lange in die Augen schauen, wie er wollte, darunter auch Prominente wie Björk und Isabella Rossellini. Manche berührte diese Erfahrung derart, dass ihnen die Tränen kamen.

Für Abramović sollten es natürliche Zutaten sein, Rote Bete und Ingwer, die für einen urtümlichen Geschmack und – im Fall der Roten Bete – für eine tiefrote Farbe sorgen.

Geb. 1979

MINDY KALING

Mindy-Kaling-Cocktail

2 Löffel Vanilleeis
6 cl brauner Rum
Ginger Ale
Garnitur: 1 Limettenscheibe

Vanilleeis in ein Collinsglas geben, mit braunem Rum übergießen und mit Ginger Ale auffüllen. Mit der Limettenscheibe dekorieren.

Mindy Kaling ist, was man in der Chatsprache als »BFF« abkürzt. Die Charaktere, die sie erfindet oder spielt, sprechen jedem von uns aus der Seele. Jemanden, der so zugänglich und entwaffnend auftritt wie sie, hätte man gern zur besten Freundin – forever.

Aufgewachsen in Massachusetts als Tochter eines Architekten und einer Ärztin, wollte sie lieber Bühnenautorin werden, statt einen soliden akademischen Beruf zu ergreifen. Nach ihrem Abschluss arbeitete sie zunächst als Produktionsassistentin für das Fernsehen und als Stand-up-Comedienne in Nachtclubs, bis sie aufgrund eines unverlangt eingesandten Drehbuchs eine Rolle in der Comedyserie *Das Büro* bekam. Als einfältige Kelly Kapoor spielte sie sich in die Herzen der Zuschauer. Auch hinter den Kulissen machte sie sich einen Namen als schreibfreudigstes Mitglied der Seriencrew. Aufgrund ihres Erfolgs in *Das Büro* bekam sie ihr eigene Serie, *The Mindy Project*, mit jeweils halbstündigen Episoden, von der insgesamt fünf Staffeln ausgestrahlt wurden. Kalin war die erste Südostasiatin, die die Hauptrolle in einer großen Serie spielte (und diese noch dazu geschrieben und produziert hatte). Sie war auch eine der wenigen nicht extrem schlanken Schauspielerinnen, was die Presse sofort aufgriff. Sie konterte, dass sie gar nicht dünn sein wolle. Später sagte sie: »Die Leute fanden es toll, dass ich das gesagt habe, aber für mich war das völlig normal. Alle meine weiblichen Bekanntten denken genauso.«

Kaling gibt als Lieblingsdrink Dark and Stormy an. Für den Mädelsabend – natürlich in gemütlicher Jogginghose – empfehlen wir einen Dark and Stormy mit Vanilleeis.

1915–1963
ÉDITH PIAF

Édith-Piaf-Cocktail

4,5 cl Hendrick's (Gin mit Rosenblatt- und Gurkenessenzen)
0,75 cl Grenadine
1,5 cl Zuckersirup
0,75 cl frischer Zitronensaft
0,75 cl frischer Grapefruitsaft
3 Dashes Rosenwasser
Garnitur: Rosenblütenblatt

Zutaten auf Eis schütteln. In eine Cocktailschale abseihen, mit dem Rosenblütenblatt garnieren.

Nur wenige verkörpern ihr Land so wie Édith Piaf. Die kleine Sängerin mit ihren gefühlvollen Chansons über Liebe und Leid gilt bei vielen als *die* Stimme Frankreichs.

Das Melancholische in Piafs Liebesliedern geht auf ihre schwere Kindheit zurück. Kurz nach der Geburt von ihrer Mutter verlassen, wuchs sie in einem Bordell auf. Ab ihrem zehnten Lebensjahr ließ ihr Vater sie als Straßensängerin auftreten. Ihre kräftige, eigentümliche Stimme machte einen Kabarettbesitzer auf sie aufmerksam, der sie als Sängerin engagierte und ihr den Namen »La Môme Piaf« (der kleine Spatz) gab. Sie war zwar nur 1,47 Meter groß, hatte dafür aber eine außerordentliche Stimmgewalt. Ihr Markenzeichen wurde das schwarze Etuikleid, das sie bei ihren Auftritten trug. Ihre ersten Platten machten sie innerhalb kurzer Zeit landesweit berühmt. Sie trat sogar zur Zeit der deutschen Besatzung auf. Ihr Welthit »La vie en rose« gab ihren Landsleuten nach dem Krieg die Hoffnung und die Lebensfreude zurück.

Piafs Leben verlief extrem tragisch. Nach drei Autounfällen litt sie unter chronischen Schmerzen, die sie mit Morphium und Alkohol zu unterdrücken versuchte. Vom Singen hielt sie das jedoch nicht ab. Ihre letzte große Hymne »Non, je ne regrette rien« ist Ausdruck ihres Aufbegehrens gegen das Schicksal. Sie bereute tatsächlich nichts.

Mit ihrem Cocktail, bestehend aus Rosenwasser und Gin mit Rosenblattessenzen, dürfte wohl jeder *la vie en rose* sehen.

Geb. 1970

NAOMI KLEIN

Die erbitterte Kapitalismusgegnerin und Umweltaktivistin gehört zu den einflussreichsten Meinungsmachern unserer Zeit. Ihre Ansichten über Globalisierung, die moderne Konsumgesellschaft, freie Marktwirtschaft und Klimawandel haben unsere Sicht auf die Welt radikal verändert.

In Montreal als Kind amerikanischer Hippie-Eltern geboren, reagierte Naomi Klein als Teenager mit hemmungslosem Konsum teurer Designermode auf ihre linksgerichtete Erziehung. Der Wendepunkt kam, als sie 1989 den Amoklauf an der Polytechnischen Hochschule Montréal miterlebte, bei dem der Täter aus Feministinnenhass 14 Studentinnen ermordete. Dieses einschneidende Ereignis machte sie zur Feministin und politischen Aktivistin.

Berühmt wurde sie mit ihrem 2000 veröffentlichten Bestseller *No Logo*, das zur Bibel der Marken- und Globalisierungsgegner wurde. 2007 erschien das antikapitalistische Werk *Die Schock-Strategie*, 2014 ihr Klimaschutzmanifest *This Changes Everything*, in dem sie radikale Klimaschutzmaßnahmen zur Rettung unseres Planeten fordert. In ihrem jüngsten Buch *No Is Not Enough* (2017) analysiert sie Donald Trumps Präsidentschaft sowie die Gründe für seine Wahl und zeigt Wege in eine bessere Zukunft auf.

Für sie haben wir ein antikapitalistisches Elixir aus Zutaten von lokalen Kleinerzeugern. Ein Schluck und man hat Lust, auf die Barrikaden zu gehen

Naomi-Klein-Cocktail

4–5 Bio-Brombeeren
3 frische Basilikumblätter
4,5 cl Wodka aus regionaler Produktion
Kombucha
Garnitur: 1 frischer Basilikumzweig

Brombeeren und Basilikumblätter in einem Longdrinkglas zerdrücken. Wodka und Eiswürfel hinzugeben, mit Kombucha übergießen und mit dem Basilikumzweig garnieren.

Geb. 1941

GRACE CODDINGTON

Grace Coddington ist der kreative Kopf hinter vielen berühmten Modefotos. Mit ihrer roten Mähne, ihrem schwarzen Schlabberlook und ihren bequemen Tretern wurde sie seltsamerweise zur allseits beliebten Kultfigur in einer sonst so auf Äußerlichkeiten fixierten Branche.

Während ihrer Jugend in Wales war die *Vogue* für sie die einzige Verbindung zur großen weiten Welt. Das änderte sich, als sie mit 17 einen *Vogue*-Model-Wettbewerb gewann und nach London zog. Ihre Zeit vor der Kamera nahm eine jähes Ende, als sie einen Autounfall hatte, der ihr Gesicht entstellte. Sie ließ sich nicht unterkriegen und suchte nach einer anderen Möglichkeit, ihren Sinn für Ästhetik zum Beruf zu machen, und landete als Redakteurin und Stylistin bei der *Vogue*.

In dieser Funktion inszenierte sie mit ihren Fotoshootings ganze Fashion-Storys, die Mode in einen Kontext einbetteten. Sie blieb stets im Hintergrund, bis 2009 der Dokumentarfilm *The September Issue* über die Entstehung einer *Vogue*-Ausgabe herauskam. Ihre kreativen Ideen, ihre hitzigen Diskussionen mit der berühmt-berüchtigten Anna Wintour und ihr Charme machten sie zum Publikumsliebling und fast über Nacht zum Star. In vielen Mode-Editorials waren plötzlich Models mit orangerotem Wuschelkopf zu sehen. Coddingtons Autobiografie *Grace* wurde ein Bestseller.

Für sie kommt nur eine Farbe infrage: Orange. Und nur ein Cocktail: Aperol Spritz – prickelnd, nicht zu süß und sehr fotogen.

Grace-Coddington-Cocktail

**9 cl Prosecco
6 cl Aperol
3 cl Sodawasser
Garnitur: 1 Orangenscheibe**

Prosecco, Aperol und Sodawasser in dieser Reihenfolge in ein mit Eis gefülltes Weinglas geben. Mit der Orangenscheibe dekorieren.

Geb. 1946

DOLLY PARTON

Dolly-Parton-Cocktail
Ergibt 6–8 Cocktails

2 Zitronen (in Scheiben)
2 Limetten (in dünnen Scheiben)
1 Orange (in dünnen Scheiben)
Mehrere frische Minzeblätter (grob zerpflückt)
180 ml Agavensirup
120 ml Tequila (Silver/Blanco)
60 ml frisch gepresster Limettensaft
1 Flasche Rotwein
480 ml Sodawasser
Garnitur: eine Handvoll frische Minzeblätter

Früchte, Minze, Sirup, Tequila, Saft und Rotwein in eine Karaffe geben und gut umrühren. Sodawasser hinzufügen. Vor dem Servieren mindestens 1 Stunde kühlen. Früchte mit einer Kelle in große Schraubdeckelgläser umfüllen, Eis hinzufügen, mit dem Sangría übergießen und mit Minzeblättern garnieren.

Der größte lebende Countrystar setzte mit Vibrato, Sopranstimme, blonder Mähne und erotischer Ausstrahlung neue Akzente in der Countrymusik. Sie ist der erfolgreichste lebende Countrystar. Aufgewachsen in ärmlichen Verhältnissen in Tennessee, sang sie zunächst nur im örtlichen Kirchenchor. Schon im frühen Teenageralter bekam sie dank ihres großen Talents einen Plattenvertrag. Damals zählte auch die Legende Johnny Cash zu ihren Freunden. Gefördert wurde sie von Countrystar Porter Wagoner, der sie in seiner TV-Show auftreten ließ und einige Duette mit ihr produzierte, bevor sie ihre Solokarriere startete. Ihre gefühlvolle Trennungsballade »I Will Always Love You« wurde zahllose Male gecovert. Berühmt ist vor allem die Version von Whitney Houston. Am meisten identifiziert man Dolly Parton jedoch mit ihrem Hit »Jolene«, in dem sie ihre Nebenbuhlerin anfleht, ihr den Mann nicht wegzunehmen. Ihr jahrzehntelanger musikalischer Erfolg wurde nur sporadisch durch Rollen in Frauenfilmen wie *Das schönste Freudenhaus in Texas*, *Warum eigentlich ... bringen wir den Chef nicht um?* (sie schrieb und sang auch den Titelsong) und *Magnolien aus Stahl* unterbrochen.

Dolly Parton fällt zwar vor allem durch ihr aufgedonnertes Äußeres auf, doch das macht sie mit ihrem großen Herzen mehr als wett. In einem Interview mit *The Sun* (2014) sagte sie: »Meine Brüste sind falsch, meine Haare auch, aber dafür sind meine Stimme und mein Herz echt.« Ihre Oberweite ist nicht das Einzige, was für Gesprächsstoff sorgt. Sie soll am ganzen Oberkörper tätowiert sein, einschließlich zweier Full Sleeves, die sie jedoch geschickt unter ihrer Kleidung versteckt. Allein das Gerücht macht sie für viele noch liebenswerter.

Parton liebt nach eigener Aussage Rotwein und Tequila. Mit einem Sangría con Tequila liegt man bei ihr daher sicher richtig.

1917–1996

ELLA FITZGERALD

Keine Jazzsängerin war je so beliebt und vielseitig wie Ella Fitzgerald. Mit ihrer klaren, klangvollen Stimme und einer eindrucksvollen Anzahl von Neuinterpretationen amerikanischer Klassiker machte die »First Lady of Song« ihrem Beinamen alle Ehre.

Ihre Karriere mutet wie ein modernes Aschenputtel-Märchen an. Als Teenager wurde sie zur Vollwaise. Aufgrund schulischer und häuslicher Probleme landete sie schließlich auf der Straße. Ihre Rettung war die spontane Entscheidung, an einem Talentwettbewerb im legendären New Yorker Apollo Theater teilzunehmen. Mit ihrer virtuosen Stimme landete sie auf dem ersten Platz und startete bald darauf ihre Karriere als Sängerin.

1938 hatte sie ihren ersten Nummer-eins-Hit. »A-Tisket, A-Tasket« war die Neuinterpretation eines alten Kinderlieds. Das Neuinterpretieren und Improvisieren beliebter Lieder unterschiedlicher Genres wurde zu ihrem Markenzeichen. Von 1956 bis 1964 sang sie auf insgesamt acht Schallplatten die großen Klassiker der US-Musik ein, unter anderem »It Don't Mean a Thing (If It Ain't Got That Swing)«. Auch Scats, bei denen sie ihre grandiose Stimme als Instrument nutzte, zählten zu ihren großen Stärken. 1958 gewann sie als erste Afroamerikanerin einen Grammy. Im Lauf ihrer langen Karriere kamen noch zwölf weitere hinzu.

Ihr Cocktail ist gelb wie der Korb, dessen Verlust in »A-Tisket, A-Tasket« beklagt wird: ein wohlschmeckender süß-säuerlicher Rosemary Lemon Drop.

Ella-Fitzgerald-Cocktail

Für den Rosmarinsirup:
100 g Zucker
4 getrocknete Rosmarinzweige

120 ml Wasser und Zucker zum Kochen bringen. Hitze reduzieren, Rosmarinzweige hinzufügen und 4 Minuten köcheln lassen. Nach dem Abkühlen Rosmarinzweige entfernen. Sirup im Kühlschrank aufbewahren.

Für den Cocktail:
4,5 cl Wodka
2,25 cl Zitronensaft
0,75 cl Rosmarinsirup
Garnitur: 1 frischer Rosmarinzweig

Alle Zutaten in einen mit Eis gefüllten Shaker geben, kräftig schütteln und in eine Cocktailschale abseihen. Mit dem Rosmarinzweig garnieren.

Geb. 1960

NIGELLA LAWSON

Nigella Lawson steht für Genuss ohne Reue. Die selbst ernannte Göttin des Herds demonstriert uns mit Unmengen von Mehl, Butter und Zucker, worum es beim Essen gehen sollte: Genuss.

Ihre Karriere als Kochbuchautorin begann mit dem Besuch einer Dinnerparty, auf der die Gastgeberin wegen einer verunglückten Crème caramel in Tränen ausbrach. Lawson, die als Journalistin geladen war und sich selbst als »Genießerin« und nicht als »Chefköchin« bezeichnete, rettete die Situation. Sie schrieb zwei Kochbücher: *How to Eat* (einfache Kochrezepte) und *How to be a Domestic Goddess* (Backrezepte). Später bekam sie eigene Kochshows. Mit ihrer warmherzigen, charmanten Art vermittelt sie den Zuschauern von *Nigella Bites* und *Nigella Feasts*, dass Kochen Spaß macht und sogar sinnlich sein kann. Sie setzte Trends. Ihr Rezept für Hähnchen in Riesling ließ die Verkaufszahlen dieser Weinsorte um 30 Prozent in die Höhe schnellen.

Ihr Markenzeichen sind opulente Rezepte mit viel Fleisch, Kohlenhydraten, Milchprodukten und Süßem. Sie ist davon überzeugt, dass man das Essen genießen sollte und der Verzehr eines Brownies keinesfalls eine Sünde ist, sondern ein Ausdruck von Lebensfreude.

Für sie sollte es ein gehaltvoller Drink sein: ein Eggnog aus Sahne, rohen Eiern und Bourbon. Kann es etwas Besseres geben?

Nigella-Lawson-Cocktail
Ergibt 4 Cocktails

2 Eier
25 g Zucker
240 ml Vollmilch
120 ml Schlagsahne
9 cl Bourbon
6 cl Amaretto
1 TL Zimt
Garnitur: 4 Zimtstangen

Eier trennen. Eigelbe in einer großen Schüssel verquirlen, Zucker unterrühren. Milch, Sahne, Bourbon, Amaretto und Zimt hinzufügen. Vorsichtig miteinander verrühren. Eiweiße steif schlagen, unterheben und kalt stellen. In Schraubdeckelgläsern mit je einer Zimtstange garniert servieren.

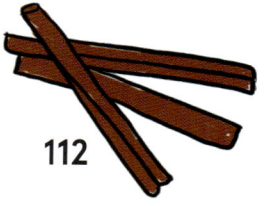

1883–1971

COCO CHANEL

Kein Name ist so eng mit Mode verbunden wie der von Coco Chanel. Die Gründerin des weltberühmten Modeimperiums war Wegbereiterin einer schicken, funktionalen Damenmode, die auf die bis dato üblichen Verzierungen verzichtete.

Gabrielle Bonheur Chanel wurde in einem Armenhaus in Saumur an der Loire geboren. Nach dem Tod der Mutter gab ihr Vater sie in die Obhut eines von Nonnen geführten Waisenhauses. Ihre Erziehung war streng, ihre Zeit im Heim voller Entbehrungen, aber immerhin lernte sie nähen. Mit 18 arbeitete sie tagsüber als Schneiderin, abends sang sie in einem Variété, vorzugsweise »Qui qu'a vu Coco?«. Aus dieser Zeit stammt vermutlich ihr Spitzname. Im Variété lernte sie begüterte Herren wie den Industriellensohn Étienne Balsan kennen, mit dessen finanzieller Unterstützung sie ihren Traum verwirklichen konnte. Er finanzierte ihr Hutatelier in Paris.

Ihre an maskuline Landhausmode angelehnten Entwürfe waren sportlich und funktional. Ein Korsett gab es bei ihr nicht, was den Frauen eine völlig neue Bewegungsfreiheit gab. Ihr jungenhafter Stil, der sogenannte »style garçonne«, prägte die Mode der Flapper-Ära. Chanel war auch die Erfinderin des »kleinen Schwarzen«, eines schlichten, zu vielen Anlässen tragbaren Kleides, und kreierte das Parfum Chanel N° 5, das angeblich Duftessenzen aus typischen Kurtisanendüften mit Essenzen aus edlen, von Damen der feinen Gesellschaft getragenen Parfums kombinierte und zum berühmtesten Damenduft aller Zeiten wurde.

Chanel sagte einmal: »Champagner trinke ich nur bei zwei Gelegenheiten: wenn ich verliebt bin und wenn ich nicht verliebt bin.« Deswegen für sie ein klassischer Champagner-Cocktail mit fruchtiger Kirschnote.

Coco-Chanel-Cocktail

1 Stück Würfelzucker
Kirschbitter
Champagner
Garnitur: 1 frische Kirsche

Würfelzucker auf einen Löffel legen, mit Kirschbitter tränken, danach in eine Champagnerflöte geben und mit Champagner übergießen. Mit der Kirsche garnieren.

Geb. 1933

YOKO ONO

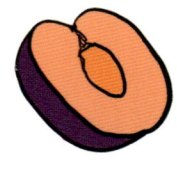
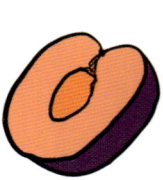

Yoko-Ono-Cocktail

3 cl Gekkeikan-Pflaumenwein
3 cl Cointreau
3 cl Zitronensaft
6 cl La Croix oder Sodawasser
Garnitur: 1 kleine Pflaume

Alle Zutaten in einen mit Eis gefüllten Shaker geben und kräftig schütteln. In einen Tumbler mit Eiswürfeln gießen und mit Sodawasser auffüllen. Mit der Pflaume (oder einer Kirsche) garnieren.

Seit sie nach dem Zweiten Weltkrieg Japan verlassen und sich in Manhattans Undergroundszene einen Namen gemacht hat, sorgt die avantgardistische Künstlerin, Friedensaktivistin und Musikerin sowohl mit ihrer Kunst als auch mit ihrem Privatleben für Kontroversen. Richtig berühmt wurde sie, nachdem sie 1966 bei der Vorbereitung einer Ausstellung in London John Lennon kennengelernt hatte. Die beiden begannen eine Affäre und arbeiteten auch künstlerisch zusammen. Unvergesslich ist ihr einwöchiges »Bed-in für den Weltfrieden«, mit dem sie in einem Amsterdamer Hotel gegen den Vietnamkrieg protestierten und auf den ein weiteres einwöchiges Bed-in in Montréal folgte. Da sich Lennon nur noch auf sie fokussierte, wurde Ono oft in sexistischer Weise als die Böse im Hintergrund bezeichnet, die »die Beatles kaputtgemacht hat«. Die Presse hatte nur wenig für ihre Arbeit übrig, doch davon ließ sie sich nie beeindrucken. Bis heute macht sie Kunst und Musik. Und auch als Friedens- und Menschenrechtsaktivistin tritt sie nach wie in Erscheinung.

In den letzten Jahren machte sie immer wieder als brillante Konzept- und Performancekünstlerin von sich reden. Ein sehr schmeichelhafter Tribut wurde ihr in der TV-Serie *Die Simpsons* gezollt, in der sie in Moes Taverne auftritt und einen experimentellen Drink bestellt, genauer gesagt »eine Pflaume in Parfum, serviert in einem Hut«. Ono bewies Humor, indem sie genau diesen Cocktail in einer Ausstellung in Reykjavík präsentierte. Wahrscheinlich würde er ihr tatsächlich schmecken. Muss ja nicht im Hut serviert werden, es sei denn, man liebt es extravagant.

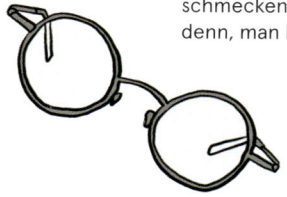

Geb. 1946

CHER

Während der letzten 50 Jahre hat sich die Popszene stark verändert: Hippie- und Folkmusik wurde vom Discosound abgelöst, dieser wiederum vom Hiphop. MTV hat das Radio verdrängt und Internet das Fernsehen. Über all die Jahre gab es nur eine Konstante: Cher.

Geboren in Kalifornien als Tochter eines armenischen Vaters und einer Mutter mit europäischen und Cherokee-Wurzeln, hatte sie schon immer ihren eigenen Kopf. Mit 16 brach sie die Schule ab und ging nach Los Angeles. Sie tanzte in Clubs am Sunset Strip, knüpfte Kontakte zu allen, die in Hollywood Einfluss hatten, und lernte Sonny Bono kennen, ihren späteren Ehemann und Gesangspartner. Ihr gemeinsamer Hit »I Got You Babe« von 1965 ist auch heute noch ein Ohrwurm. Nach ihrer Trennung wurde Cher Rocksängerin und Schauspielerin (*Mondsüchtig*, *Meerjungfrauen küssen besser*). Sie war schon immer anders, auch modisch betrachtet. Ihr eigenwilliger Stil machte sie zur Ikone. 1975 schockierte sie das Fernsehpublikum mit einem bauchfreien Auftritt, 1989 trug sie in einem Musikclip einen durchsichtigen Bodysuit, weswegen MTV das Video auf den Index setzte. Kein Wunder, dass heute mit über 70 »altersgemäße« Kleidung für sie nicht infrage kommt.

Chers größtes Talent ist ihre Fähigkeit, sich immer wieder neu zu erfinden. Die »Goddess of Pop« weiß, wie man im Gespräch bleibt. Mittlerweile kann sie auch den Titel der Twitter-Queen für sich beanspruchen. Ihre legendären, mit Emojis gespickten Tweets und leidenschaftlichen Schimpftiraden ebnen ihr den Weg in die Herzen einer neuen Fan-Generation. Für Cher daher ein Emoji-Cocktail (sprich Mai Tai): 🎒❤️🍹

Cher-Cocktail

6 cl gut gereifter Rum
1,5 cl Cointreau
3 cl Limettensaft
3 cl Orgeat
Garnitur: 1 Limettenschnitz

Zutaten zusammen mit 240 g zerstoßenem Eis in einen Shaker geben, schütteln und in ein Poco-Grande-Glas gießen. Mit dem Limettenschnitz und einem Strohhalm servieren.

1909–1955

CARMEN MIRANDA

Die brasilianische Sängerin hat weit mehr zu bieten als ihren Tuttifruttihut. Mit 21 nahm sie – damals eigentlich noch Hutmacherin – einen Samba auf, mit dem sie in ihrem Heimatland Brasilien über Nacht zum Star wurde. Dieser Erfolg war das Sprungbrett für ihre Filmkarriere. Sie bekam Rollen in Musicals und Musikfilmen über die brasilianische Musik- und Karnevalkultur. Ihr Kostüm, einschließlich des berühmten Tuttifruttihuts, war dem Baiana-Kleidungsstil der mittellosen Afro-Brasilianer im Nordosten des Landes nachempfunden. 1940 machte sie mit südamerikanischen Rhythmen auch in den USA Karriere, was ihr Image in ihrer Heimat trübte. In dem Kassenschlager *The Gang's All Here* sang sie den Titel »The Lady in the Tutti-Frutti Hat«, im Hintergrund spärlich bekleidete Damen, die riesige Bananen umhertrugen. Damit wurde sie nichtsahnend Teil eines Riesenskandals wegen unterschwellig obszöner Inhalte. Außerdem wurde ihr klischeehafte Darstellung der Latinos vorgeworfen. Dabei war sie es, die die südamerikanische Kultur in Hollywood bekannt machte. Heute gilt Carmen Miranda als Wegbereiterin der einflussreichen Tropicália-Strömung, die auch Musiker wie Beck und David Byrne beeinflusste.

Für die wohl berühmteste Brasilianerin aller Zeiten kommt nur Cachaça infrage, der berühmte weiße Zuckerrohrschnaps, hier als Bestandteil eines traditionellen Batidas mit Kokosmilch und gezuckerter Kondensmilch.

Carmen-Miranda-Cocktail

6 cl Cachaça
9 cl Kokosmilch
2 TL Zucker
3 cl gezuckerte Kondensmilch
Garnitur: verschiedene Früchte am Cocktailspieß

Alle Zutaten mit 240 g Eis 1–2 Minuten im Mixer pürieren, in ein Hurricaneglas gießen und mit Fruchtspieß garnieren (z. B. Banane, weiße und rote Trauben, Ananas, Erdbeeren).

Geb. 1946

PATTI SMITH

Patti-Smith-Cocktail

3 cl Pernod
15 cl Wasser

Eiswürfel in ein Longdrinkglas geben, mit Pernod und Wasser übergießen, umrühren und servieren.

Auf dem Cover ihres Debütalbums *Horses* posiert Patti Smith mit einem halb aus der Jeans hängenden weißen Hemd und lässig über die Schulter gehängtem Jacket. Sie blickt trotzig und verwundbar zugleich. Das perfekte Porträt der Frau, die dem Punk seine Seele gab. Smiths Weg zur Punklyrikerin begann, als sie mit 23 nach New York zog. Kurze Zeit später lernte sie den Fotografen Robert Mapplethorpe kennen, der ihr Lebensgefährte und ihre Inspirationsquelle wurde. Später nannte sie ihn den »Künstler meines Lebens«. Er machte auch das Coverfoto für *Horses*. Die beiden lebten wie viele Künstler im heruntergekommenen Chelsea Hotel und trafen sich mit anderen im Szene-Club Max's Kansas City. Smith schloss sich der damals noch jungen Punkszene an und machte Musik mit Sprechgesang.

Ihr Punklyrikalbum *Horses* (1975) machte sie zur Ikone. Später nahm sie mit Bruce Springsteen ihren größten Hit (»Because the Night«) auf. Nach einer Kinderpause in den Achtzigerjahren brachte sie weitere Alben heraus. 2007 wurde sie in die Rock and Roll Hall of Fame aufgenommen. Vor einigen Jahren veröffentlichte sie die Autobiografie *Just Kids*, in der sie ihre Beziehung zu Mapplethorpe beschreibt, und wurde dafür mit dem National Book Award in der Sparte Sachbuch ausgezeichnet. Mittlerweile, mit über 70, ist sie eine Ikone, die zu ihrem Alter steht und mit wallender grauer Mähne im Herrenanzug die Bühne rockt.

Smith schwärmt für den französischen Dichter Rimbaud und trinkt ihm zu Ehren gern Pernod. Der Anisschnaps ist in Frankreich das Lieblingsgetränk reiferer Herren. Mit Wasser vermischt verwandelt sich seine sonst grünliche Farbe in ein geheimnisvolles milchiges Gelb.

1908–1989

BETTE DAVIS

Bette-Davis-Cocktail

Für das Feigenpüree:
5 große kalifornische Feigen (entstielt und halbiert)
1 TL Zitronensaft
1 TL Zucker

Alle Zutaten in einem Mixer mit 1 EL Wasser glatt pürieren.

Für den Cocktail:
3 cl Feigenpüree
6 cl Scotch
1,5 cl Zuckersirup
2,25 cl Zitronensaft
2 Dashes Lemon Bitter
Garnitur: 1 frischer Thymianzweig

Alle Zutaten in einen mit Eis gefüllten Shaker geben, schütteln und in einen Tumbler mit Eiswürfeln abseihen. Den Thymianzweig vorsichtig abflämmen (am besten mit einem langen Streichholz) und ins Glas stellen.

Keine Schauspielerin hat die Rolle der Zicke mehr ausgekostet als Kinolegende Bette Davis, bekannt für ihre ausdrucksstarken Augen, ihren scharfen Verstand und ihre Fähigkeit, auch die schwierigsten Charaktere zu spielen. Sie erhielt zwei Oscars und war für weitere acht nominiert. Nur Herumkommandieren ließ sie sich nicht gern.

Anfangs schien Bette Davis so gar nicht zum Hollywoodstar geboren. Als sie 1930 für Probeaufnahmen von der Ostküste mit dem Zug anreiste, sollte sie ein Vertreter des Filmstudios vom Bahnhof abholen. Der Mann fuhr jedoch unverrichteter Dinge wieder weg, da er niemanden gefunden hatte, der »wie eine Schauspielerin aussah«. Davis war keine klassische Schönheit, brachte aber Talent und Ausstrahlung mit. Sie übernahm Rollen, die andere ablehnten, ob niederträchtige, hässliche Frauen oder Flittchen, und begeisterte die Kritiker mit ihrer überzeugenden Darstellung. Sie war so karrierebesessen, dass sie Warner Brothers verklagte, weil ihr die angebotenen Rollen nicht gut genug waren.

An ihrer Erzrivalin Joan Crawford ließ sie kein gutes Haar. »Auf die würde ich nicht einmal pissen, wenn sie in Flammen stünde«, soll sie gesagt haben. Die Rivalität der beiden ist Thema der TV-Serie *Feud* (2017). Gezeigt werden die Dreharbeiten zu *Was geschah wirklich mit Baby Jane?* (1962), dem einzigen Film, den Davis mit Crawford drehte und für den sie mit 54 ihre letzte Oscarnominierung erhielt.

Davis liebte Zigaretten und Scotch Whisky. Daher für sie ein rauchiger Scotch-Cocktail. Die Feigen runden das Aroma des Scotch ab. Für die rauchige Note sorgt der abgeflämmte Thymian.

Geb. 1975

M.I.A.

M.I.A.-Cocktail

6 cl Mezcal
3 cl Zitronensaft
3 cl Zuckersirup
3 cl Mangosaft
3 cl Eiweiß
Garnitur: Chilisalz

Alle Zutaten in einen mit Eis gefüllten Shaker geben, schütteln, in einen Tumbler mit Eiswürfeln gießen und mit Chilisalz bestreuen.

Musik, Kunst und Mode haben für Multitalent M.I.A. (mit bürgerlichem Namen Mathangi Arulpragasam) keine Grenzen. In London geboren, wuchs sie in ärmlichen Verhältnissen in Sri Lanka auf. Als militanter Tamile war ihr Vater fast nie zu Hause, weswegen die Mutter später mit der Tochter wieder nach London zurückzog. M.I.A. kam gut in London zurecht, vergaß jedoch nie ihre Kindheitserfahrungen. Auf der Filmhochschule war sie schockiert über die Naivität ihrer Kommilitonen. »Soziale Realität gab es dort nicht, alles hörte bei der Theorie auf«, lautete ihr frustrierter Kommentar.

Eben diese soziale Realität wurde zum Gegenstand ihrer Musik. Inspiriert durch Genres wie Dancehall, Jungle, brasilianischen Baile Funk, Hiphop und Electroclash, komponierte sie tanzbare Beats mit politischem Hintergrund. Einer ihrer ersten Hits (»Bucky Done Gun«) im Favela-Funk-Stil handelt von Soldaten, die brutal in Häuser eindringen, während ihr größter Hit (»Paper Planes«) die Geschichte eines Passfälschers erzählt. Auch ihre jüngeren Songs sind politisch. Ihr Image definiert sie großenteils über visuelle Medien. Auch Mode spielt dabei eine wichtige Rolle. Inspiriert vom internationalen Street- und Urbanstyle, sind ihre Musikvideos und Liveauftritte auch modisch konsequent durchkomponiert. Ihr eklektischer undefinierbarer Kleidungsstil ist ebenso einzigartig wie ihre Musik.

M.I.A. braucht einen Multikulti-Cocktail: Reife Mangos aus ihrer Heimat Sri Lanka und traditioneller mexikanischer Mezcal verbinden sich in diesem Rezept zu einem exotischen Sour, von dem niemand genau sagen kann, ob er in den USA oder vielleicht doch in Großbritannien erfunden wurde.

Geb. 1948

GRACE JONES

Mit ihrer unterkühlten Schönheit verkörperte die gebürtige Jamaikanerin als Model, Sängerin und Schauspielerin über Jahrzehnte den androgynen Stil wie keine andere und prägte damit ein neues Schönheitsideal. Als sie 13 war, gingen ihre Eltern nach New York. Sie rebellierte gegen die strenge Erziehung, indem sie in eine Hippie-WG zog und als Go-Go-Tänzerin arbeitete. Mit 18 bekam sie ihren ersten Modelvertrag, ging nach Paris und wurde mit ihren hohen Wangenknochen und ihrem kantig-sehnigen Körper zur Laufstegfavoritin von Yves Saint Laurent und Kenzo. Auch als Sängerin startete sie durch. Für Island Records nahm sie die Disco- und New-Wave-Alben *Nightclubbing* und *Slave to the Rhythm* auf. Ihre gewagten Auftritte in angesagten New Yorker Nachtclubs wie dem Studio 54 machten sie zum Liebling der Undergroundszene. An ihrer Seite hatte sie den Illustrator Jean-Paul Goude, der ihre Albumcover konzipierte und ihre Liveshows managte. Durch ihn wurde sie zur Ikone der Popkultur. Mit ihren breiten Schultern, ihrem Bürstenhaarschnitt, ihren maskulinen Sakkos und ihren futuristischen Accessoires war sie extrem glamourös, gleichzeitig aber auch undefinierbar. »Mal bin ich Frau, mal Mann, eigentlich bin ich beides«, erklärte sie. Mit zunehmendem Erfolg kamen auch Filmrollen, einschließlich der des bösen Bond-Girls May Day in *Im Angesicht des Todes*.

Jones liebt Accessoires in Goldtönen: Schmuck, Hüte und Masken sowie Make-up. Ihr zu Ehren daher ein Cocktail aus flüssigem Gold, mit schokoladig-zitroniger Note und dekadent-goldenem Zuckerrand.

Grace-Jones-Cocktail

Gold-Zucker (online bestellbar)
1 Limettenscheibe
3 cl Crème de Cacao
6 cl goldener Rum
1,5 cl frischer Limettensaft

Gold-Zucker auf einem Teller verteilen. Den Rand eines Martiniglases mit einer Limettenscheibe einreiben. Glas in den Zucker tauchen. Alle anderen Zutaten in einen mit Eis gefüllten Shaker geben, schütteln und abseihen.

Geb. 1970

MELISSA MCCARTHY

Melissa-McCarthy-Cocktail

Tajine-Gewürzmischung (oder Salz und Chili im Verhältnis 1:1)
1 Chilischote
9 cl Wassermelonensaft
4,5 cl Tequila (Silver/Blanco)
1,5 cl Maraschinolikör

Tumbler mit Tajine-Rand versehen und mit Eiswürfeln füllen. Chilischote im Shaker zerdrücken. Flüssige Zutaten hinzufügen, auf Eis schütteln und ins Glas abseihen.

Man kann Melissa McCarthy mit Fug und Recht als komisches Genie bezeichnen. Ihre brillanten und mutigen Auftritte in der Show *Saturday Night Live* wurden viel beachtet und hatten sogar Auswirkungen auf die US-Politik.

McCarthy wurde als Sookie St. James in der Serie *Gilmore Girls* berühmt. Der ganz große Durchbruch kam dann in der Rolle der Megan in der Filmkomödie *Brautalarm*, in der sie die durchgeknallte Brautjungfer so authentisch spielte, dass deren Charakter Teil ihres Images wurde. Für diese Rolle wurde sie als beste Nebendarstellerin für einen Oscar nominiert. Heute ist sie eine der bestbezahlten Schauspielerinnen Hollywoods. Es folgten weitere Rollen in *Taffe Mädels*, *Tammy – Voll abgefahren* und in der Neuverfilmung von *Ghostbusters* mit rein weiblicher Besetzung der Hauptrollen. Am meisten Beachtung fand aber wohl ihr Auftritt in der *Saturday Night Live Show*, in der sie den ehemaligen Pressesprecher des Weißen Hauses, Sean Spicer, glupschäugig, schreiend und wild gestikulierend parodierte. Wie jede gute Satire ließ auch ihre maßlos überzogene, aber dennoch absurd authentische Parodie so manchen die Politik in völlig neuem Licht sehen. Der echte Spicer trat nur einige Monate nach ihren Auftritten zurück. McCarthy dagegen erhielt dafür einen Emmy.

Ihr sollte man passend zu dieser scharfzüngigen Einlage einen scharfen Cocktail widmen: Wassermelone, Tequila und Chili. Das sollte feurig genug sein.

Geb. 1972

LAVERNE COX

Laverne Cox ist die erste offen transsexuell lebende Frau, die je für einen Emmy in den Schauspielkategorien nominiert wurde, in einer Webserie mitspielte und auf dem Cover des *Time*-Magazins erschien. Sie gilt als Wegbereiterin für transsexuelle Frauen im Unterhaltungsgeschäft.

Ihre TV-Karriere begann als Kandidatin in der Reality-Show *I Want to Work for Diddy*, in der Sean »Puff Daddy« Combs eine Assistentin suchte. Das war zwar nur ein Kurzauftritt, dennoch eröffnete der Rapper ihr als erster transsexueller Schwarzer im Fernsehen neue Möglichkeiten. Sie bekam zum Beispiel eine Rolle in der Webserie *Orange is the New Black*, in der sie die transsexuelle Gefangene Sophia Burset spielt. Die Figur der Sophia ist in der Serie als differenzierter, extrovertierter Charakter angelegt. Das war revolutionär, denn bis dato waren Transsexuelle im Film entweder Prostituierte oder Opfer von Verbrechen. Dass eine Transsexuelle von einer Transsexuellen gespielt wurde, war bahnbrechend. Mit ihrer feinfühlig-emotionalen Darstellung der Sophia avancierte Cox zum Publikumsliebling.

Ihre neue Bekanntheit nutzt sie als LGBT-Aktivistin. Sie will das Vorbild sein, das sie selbst nie gehabt hatte. Ihre Worte helfen allen, die sich als Außenseiter fühlen. Ihnen sagte sie: »Zu glauben, ihr seid es nicht wert, geliebt oder begehrt zu werden, zu glauben, das, was ihr seid, sei eine Sünde oder falsch, ist tödlich. Was ihr seid, ist wunderbar und schön.«

Wir würdigen sie mit einer Margarita aus dem Mixer, in diesem Rezept mit Avocado: schön anzuschauen und voller Überraschungen.

Laverne-Cox-Cocktail

½ Avocado
6 cl Tequila (Silver/Blanco)
3 cl Cointreau
3 cl frischer Limettensaft
1 TL Agavensirup
Garnitur: 1 Limettenschnitz

Alle Zutaten mit 100 g Eis in einem Mixer pürieren. In ein Hurricaneglas gießen und mit dem Limettenschnitz garnieren.

Geb. 1975

ANGELINA JOLIE

Angelina Jolie ist ein Vorzeigestar. Was sie macht, von der Schauspielerei bis zur Kinderadoption, macht sie richtig. Dennoch sonnt sie sich nicht einfach in ihrem Ruhm, sondern nutzt ihn als Botschafterin für gute Zwecke.

Als Tochter des Schauspielers Jon Voight hätten ihr in Hollywood alle Türen offenstehen müssen, doch ganz so einfach war es nicht, als sie sich mit 16 erstmals um Rollen bewarb. Sie war etwas punkig und hatte eine negative Ausstrahlung. Die Casting-Direktoren fanden sie »zu düster«. Das änderte sich mit ihrer Mitwirkung in *Gia – Preis der Schönheit* – sie spielte das drogenabhängige Supermodel Gia Carangi – und in *Durchgeknallt*, einem Drama, in dem sie eine psychisch Kranke spielte. Für ihre überragende Leistung in *Durchgeknallt* wurde sie mit einem Oscar belohnt. Sie spielte sowohl in Blockbustern à la *Lara Croft: Tomb Raider* als auch in anspruchsvollen Dramen wie *Der fremde Sohn*. Später stand sie als Regisseurin, unter anderem bei *Unbroken* und *By the Sea*, auch hinter der Kamera.

Ab 2002 trat sie als Schauspielerin etwas kürzer, um sich einer wichtigeren Sache zu widmen: humanitärem Engagement. Bei den Dreharbeiten zu *Tomb Raider* war sie von den Verhältnissen in Kambodscha so schockiert, dass sie beschloss, sich für Flüchtlinge zu engagieren. Sie bereiste diverse Krisenregionen und wurde zur UNHCR-Sonderbotschafterin ernannt. 2017 drehte sie einen Film über die Gräueltaten der Roten Khmer (*Der weite Weg der Hoffnung*), um auch auf diese Weise auf die Missstände aufmerksam zu machen.

Zur Würdigung ihrer Person hier ein Mojito mit Zitronengras, einer Zutat aus dem Land, das sie zur humanitären Aktivistin machte.

Angelina-Jolie-Cocktail

2 TL Zucker
1 Stange Zitronengras, in kleine Stücke geschnitten
1 Limette (geviertelt)
6 bis 8 frische Minzeblätter
6 cl weißer Rum
Sodawasser
Garnitur: 1 Zweig frische Minze

Zucker und Zitronengras in einem Longdrinkglas mit dem Stößel zerdrücken. Limettenstücke über dem Glas ausdrücken. Minzeblätter hinzufügen, alles nochmals mit dem Stößel bearbeiten. Rum hinzufügen, umrühren, Eiswürfel ins Glas geben, mit Sodawasser übergießen. Mit dem Minzezweig garnieren.

Geb. 1988

RIHANNA

Rihanna ist an Coolness nicht zu überbieten. Die megatalentierte Popsängerin ist extrem stylish, unglaublich hübsch und schert sich nicht im Geringsten darum, was andere über sie denken.

Auf Barbados geboren, wurde Rihanna noch an der Highschool von einem Plattenproduzenten entdeckt. Mit 17 hatte sie bereits einen Vertrag für sechs Alben. Binnen kürzester Zeit wurde sie weltberühmt. Viele Songs, die sie im Laufe der Jahre aufnahm, wie »Umbrella«, »Rude Boy« oder »Work«, sind echte Ohrwürmer, poppige Beats, vorgetragen mit einer einzigartigen Attitude, denn daran mangelt es Rihanna weiß Gott nicht. Sie trägt gewagte sexy Outfits, manchmal auch avantgardistische. Man hat sie schon in allem Möglichen gesehen, vom spektakulären 3-D-Blütenkleid des Labels Comme des Garçons bis hin zu einem durchsichtigen, eng anliegenden Netzkleid, unter dem sie bis auf einen Tanga unbekleidet war. Sie dreht Musikvideos wie den umstrittenen Clip zu »Bitch Better Have My Money«, in dem sie ihre sadistischsten Rachefantasien auslebt. Sie feiert gern bis tief in die Nacht, wobei jeder Absturz dankbar von der Regenbogenpresse dokumentiert wird, und lebt ihr Liebesleben völlig ungeniert in der Öffentlichkeit. RiRi wird wohl nie so etwas wie Schamgefühl entwickeln. Dafür ist sie einfach zu selbstbewusst.

Von der Karibikinsel Barbados kommend, liebt sie natürlich Kokoswasser (sie war sogar mal das Werbegesicht der Marke Vita Coco). Ihr Cocktail ist eine raffinierte Spielart der Piña Colada.

Rihanna-Cocktail

4,5 cl goldener Rum
14,5 cl Kokoswasser
1,5 cl Limettensaft
1,5 cl Ananassaft
1,5 cl Agavensirup
Garnitur: 1 essbare Orchideenblüte

Alle Zutaten in einen Shaker geben, auf Eis schütteln und in ein Cocktailglas abseihen. Mit der essbaren Orchideenblüte dekorieren.

Geb. 1921

IRIS APFEL

Mit ihrem farbenfrohen barocken Stil und ihrer überdimensionalen Brille ist Iris Apfel auch mit 96 noch eine Stilikone, die Designer zu Kollektionen und Museen zu Ausstellungen inspiriert. Sie ist ein echter Spätzünder, denn internationale Anerkennung erhielt sie erst mit 83.

Die Welt entdeckte sie zwar spät, ihren bombastischen Stil pflegte sie jedoch schon seit Langem. In ihrer Jugend gewann sie einen *Vogue*-Schreibwettbewerb. Der Preis war ein Job bei *Women's Wear Daily*. 1950, im Alter von 29 Jahren, gründete sie zusammen mit ihrem Mann die auf alte Stoffe spezialisierte Textilfirma Old World Weavers, die sogar das Weiße Haus belieferte. Von ihren zahllosen Geschäftsreisen brachte Apfel immer wieder einzigartige Kleidungsstücke und Accessoires mit.

Berühmt wurde sie 2005, als das New Yorker Metropolitan Museum of Art ihren exzentrischen Stil zum Gegenstand einer Ausstellung machte. Die Bandbreite der Exponate war groß: von edelster Designermode über handgefertigten antiken Schmuck bis hin zu Flohmarktfunden. Heute zählt Apfel zu den großen Influencern. Sie sitzt bei Modenschauen in der ersten Reihe, ist immer wieder auf Zeitschriftencovern zu sehen und wird von zahllosen Bloggern verehrt. Sie hat uns bewiesen, dass man auch im Alter noch Stil haben kann und Mode keinesfalls nur etwas für junge Menschen ist.

Am liebsten trinkt sie Campari Soda, wobei sie das Mixen in der Regel nicht dem Barkeeper überlässt, sondern lieber ein Glas, eine Flasche Campari und Sodawasser bestellt, um dann selbst Hand anzulegen. »Meinen Drink mische ich mit der Akribie eines Chemikers«, sagt sie über sich selbst.

Iris-Apfel-Cocktail

6 cl Campari
18 cl Sodawasser
Garnitur: 1 Orangenscheibe

Eiswürfel in einen Tumbler geben, mit Campari übergießen, mit Sodawasser auffüllen und mit der Orangenscheibe garnieren.

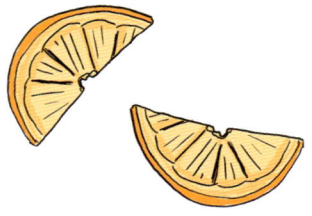

Biografisches

Jennifer Croll verdient ihr Geld als Schriftstellerin und Lektorin und lebt zusammen mit ihrem schwarz-weißen Kater Ollie in Vancouver, Kanada. Neben diesem Buch stammen auch *Fashion That Changed the World*, *Bad Girls of Fashion* und *Bad Boys of Fashion* aus ihrer Feder. Darüber hinaus hat sie Artikel für Hochglanzmagazine wie *Nylon*, *Dazed & Confused* und *Adbusters* geschrieben. Tagsüber arbeitet sie als Lektorin bei dem kanadischen Sachbuchverlag Greystone Books, abends trinkt sie Cocktails. Wahrscheinlich hat sie auch noch andere Hobbys, aber die sind nicht so wichtig.

Gerne denkt sie an den ersten nach einer berühmten Person benannten Cocktail zurück, den sie je getrunken hat. Sie war damals 12 und der Cocktail ein Shirley Temple. Würde sie heute jemand auf einen Drink einladen, wäre ihr eine Mezcal Margarita on the rocks lieber.

Kelly Shami lebt als Künstlerin und Schmuckdesignerin mit ihrem sehr langen, aber liebenswerten Dackel Rooney in New York. Ihr unverwechselbarer Illustrationsstil führte zur Zusammenarbeit mit Marken wie Adidas, Nike, MTV, CoverGirl und anderen. Sie entwirft auch ihre eigene Schmucklinie SHAMI.

Alle in diesem Buch vorgestellten Frauen inspirieren sie dazu, sich weiterhin der Eroberung der Welt zu widmen (auch wenn das auf Kosten vieler glücklicher Stunden geht). Dies ist ihr erster Bildband. Das sollte gefeiert werden. Sie mag am liebsten Champagner mit einem Schuss Chambord.

Dank

Jennifer Croll

Allen, die an *Cheers, Ladies!* mitgewirkt haben, bin ich unendlich dankbar, allen voran unserer Redakteurin Ali Gitlow, die unsere Arbeit von Anfang bis Ende begleitet hat. Ohne sie gäbe es das Buch gar nicht. Kelly Shami, deine Illustrationen machen das Buch erst lebendig. Immer wieder betrachte ich sie voller Faszination. Sie sind fantastisch, genau wie du. Martha Jay, vielen Dank für dein aufmerksames Auge. Ohne dein Lektorat und deine Fahnenkorrektur hätte sich so mancher Fehlerteufel in die Rezepte eingeschlichen. Nicht auszudenken, was das für ein Cocktail-Chaos bei unseren Leserinnen ausgelöst hätte. Nina Jua Klein, dein Design hat alles perfekt abgerundet. Danken möchte ich auch dem Vertriebs- sowie dem Marketingteam von Prestel, die alles dafür tun, dass dieses Buch in die Hände der Leserinnen gelangt. Auch in Kanada gibt es einige, denen ich zu Dank verpflichtet bin, zum Beispiel Kevin Brownlee, der mir gleich zu Beginn des Projekts wertvolle Tipps für erfolgreiche Cocktails gegeben hat. Ebenso danke ich Michael Mann für die halb volle Flasche Crème de Cacao, die er mir eines Montags überlassen hat. Und dann natürlich auch ein Dankeschön an alle meine Freunde, die mit mir Cocktails getestet haben, und nicht zuletzt an alle Kollegen bei Greystone, die mich bei meiner Nebenbeschäftigung unterstützt haben. Ihr seid spitze. Wir sollten unbedingt auf ein paar Drinks gehen.

Kelly Shami

Ali Gitlow, die Frau auf der Kommandobrücke, machte dieses Buch erst möglich. Danke, dass du die absolut Beste bist. Jen Croll, du hast einen tadellosen Geschmack. Die Drinks sind so einzigartig erfrischend, und du hast mir immer etwas Neues beigebracht. Dank der guten Fee Nina Jua Klein schien es viel leichter, dieses Buch zusammenzustellen. Danke, Prestel, dass ich mein erstes Buch illustrieren durfte! Danke an meine Eltern Carla und Tony Shami, die meinen unkonventionellen Künstler-Lifestyle immer unterstützt haben. Ihre Opfer und Unterstützung sind alles für mich. Christian Condina schlug sich, während ich mich wegen der Deadlines stresste, viele Nächte mit TV-Komaglotzen um die Ohren, um mich in Schwung zu halten; du bist mein Fels in der Brandung. Danke an alle Frauen, die positive Kräfte in meinem Leben sind: Maryrose Koumi, Danielle Guizio, Nicole Ponti, Shamron Koumi, Kim Romano, Ashley Condina und mein neuester Sonnenschein, Izla Koumi. Dieses Buch behandelt starke Frauen in der Geschichte, aber mein Bruder Mark Shami ist in dieser modernen Welt ein Paradebeispiel für einen Mann, der den Frauen um ihn herum Auftrieb gibt. Jeder Mann sollte sich an ihm ein Beispiel nehmen. Abschließend möchte ich allen Frauen von historischer Bedeutung danken, die auch weiterhin für die kommenden Generationen ein Zeichen setzen.

© Prestel Verlag, München · London · New York, 2018,
in der Verlagsgruppe Random House GmbH
Neumarkter Straße 28 · 81673 München

Texte © Jennifer Croll, 2018
Illustrationen © Kelly Shami, 2018

Der Verlag weist ausdrücklich darauf hin, dass im Text
enthaltene externe Links vom Verlag nur bis zum Zeitpunkt
der Buchveröffentlichung eingesehen werden konnten.
Auf spätere Veränderungen hat der Verlag keinerlei Einfluss.
Eine Haftung des Verlags ist daher ausgeschlossen.

Projektleitung: Ali Gitlow
Design und Layout: Nina Jua Klein
Herstellung: Friederike Schirge
Bildbearbeitung: Reproline Mediateam
Übersetzung ins Deutsche: Gabi Krause
Satz und Lektorat: VerlagsService Dietmar Schmitz GmbH,
Heimstetten
Druck und Bindung: DZS, d.o.o., Ljubljana
Papier: Profibulk

Verlagsgruppe Random House FSC® N001967

Printed in Slovenia

ISBN 978-3-7913-8425-2

www.prestel.de